LE
FILS NATUREL,

OU

LES EPREUVES

DE LA VERTU.

COMEDIE

EN CINQ ACTES, ET EN PROSE,

Avec l'Histoire véritable de la Piece.

Interdùm speciosa locis, morataque rectè
Fabula, nullius veneris, sine pondere & arte,
Valdiùs oblectat populum, meliùsque moratur
Quàm versus inopes rerum nugæque canoræ.

Horat. *Art. Poet.*

A AMSTERDAM,

Chez MARC MICHEL REY,

MDCCLVII.

Res. p. Yf

46?

(1)

L E sixieme Volume de l'Encyclopédie venoit de paroître, & j'étois allé chercher à la campagne du repos & de la santé ; lorsqu'un événement, non moins interessant par les circonstances que par les personnes, devint l'étonnement & l'entretien du canton. On n'y parloit que de l'homme rare qui avoit eu, dans un même jour, le bonheur d'exposer sa vie pour son ami, & le courage de lui sacrifier sa passion, sa fortune & sa liberté.

Je voulus connoître cet homme. Je le connus, & je le trouvai tel qu'on me l'avoit peint, sombre & mélancolique. Le chagrin & la douleur, en sortant d'une ame où ils avoient habité trop long-tems, y avoient laissé la tristesse. Il étoit triste dans sa conversation & dans son maintien, à-moins qu'il ne parlât de la vertu, ou qu'il n'éprouvât les transports qu'elle cause à ceux qui en sont fortement épris. Alors vous eussiez dit qu'il se transfiguroit. La sérénité se déployoit sur son visage. Ses yeux prenoient de l'éclat & de la douceur. Sa voix avoit un charme inexprimable. Son discours devenoit pathétique. C'étoit un enchaînement d'idées austeres & d'images touchantes qui tenoient l'attention suspendue & l'ame ra-

* 2   vie

vie. Mais comme on voit le foir, en au-
tomne, dans un tems nébuleux & cou-
vert, la lumiére s'échapper d'un nuage,
briller un moment, & fe perdre en un
ciel obfcur; bientôt fa gaieté s'éclipfoit,
& il retomboit tout-à-coup dans le filence & la mélancolie.

Tel étoit Dorval. Soit qu'on l'eût prévenu favorablement, foit qu'il y ait, comme on le dit, des hommes faits pour s'aimer fitôt qu'ils fe rencontreront, il m'ac-
cueillit d'une maniere ouverte qui fur-
prit tout le monde, excepté moi, & dès
la feconde fois que je le vis, je crus pouvoir, fans être indifcret, lui parler de fa
famille, & de ce qui venoit de s'y paffer. Il fatisfit à mes queftions. Il me raconta fon hiftoire. Je tremblai avec lui
des épreuves auxquelles l'homme de bien
eft quelquefois expofé; & je lui dis qu'un
ouvrage dramatique dont ces épreuves
feroient le fujet, feroit impreffion fur tous
ceux qui ont de la fenfibilité, de la vertu,
& quelqu'idée de la foibleffe humaine.

Hélas! me répondit-il en foupirant,
vous avez eu la même penfée que mon
pere. Quelque tems après fon arrivée,
lorfqu'une joie plus tranquille & plus douce commençoit à fuccéder à nos tranfports, & que nous goûtions le plaifir d'être
affis les uns à côté des autres: il me dit:
Dor

» Dorval, tous les jours je parle au Ciel de ROSALIE & de toi. Je lui rends graces de vous avoir conservés jusqu'à mon retour, mais sur-tout de vous avoir conservés innocens. Ah! mon fils, je ne jette point les yeux sur ROSALIE, sans frémir du danger que tu as couru. Plus je la vois, plus je la trouve honnête & belle, plus ce danger me paroît grand. Mais le Ciel qui veille aujourd'hui sur nous, peut nous abandonner demain. Nul de nous ne connoît son sort. Tout ce que nous savons, c'est qu'à mesure que la vie s'avance, nous échappons à la méchanceté qui nous suit. Voilà les réflexions que je fais toutes les fois que je me rappelle ton histoire. Elles me consolent du peu de tems qui me reste à vivre; & si tu voulois, ce seroit la morale d'une Piece dont une partie de notre vie seroit le sujet, & que nous représenterions entre nous.

„Une Piece, mon père!..."

» Oui, mon enfant. Il ne s'agit point d'élever ici des treteaux, mais de conserver la mémoire d'un événement qui nous touche, & de le rendre comme il s'est passé... Nous le renouvellerions nous mêmes, tous les ans, dans cette maison, dans ce salon. Les choses que nous avons dites, nous les redirions. Tes enfans en feroient autant, & les leurs, & leurs descendans. Et je me

* 3   sur-

furvivrois à moi-même, & j'irois converfer ainfi, d'âge en âge, avec tous mes neveux.... Dorval, penfes-tu qu'un ouvrage qui leur transmettroit nos propres idées, nos vrais fentimens, les difcours que nous avons tenus dans une des circonftances les plus importantes de notre vie, ne valût pas mieux que des portraits de famille qui ne montrent de nous qu'un moment de notre vifage.

„ C'eft-à-dire que vous m'ordonnez
„ de peindre votre ame, la mienne, cel-
„ les de *Conftance*, de *Clairville*, & de
„ *Rofalie*. Ah, mon pere, c'eft une tâ-
„ che au-deffus de mes forces, & vous
„ le favez bien" !

Ecoute; je prétends y faire mon rôle une fois avant que de mourir; & pour cet effet j'ai dit à ANDRÉ de ferrer dans un coffre les habits que nous avons apportés des prifons.

„ Mon pere...".
Mes enfans ne m'ont jamais oppofé de refus; ils ne voudront pas commencer fi tard.

En cet endroit, Dorval détournant fon vifage, & cachant fes larmes, me dit du ton d'un homme qui contraignoit fa douleur... la piece eft faite... Mais celui qui l'a commandée, n'eft plus... Après un moment de filence, il ajoûta... Elle étoit reftée-là cette Piece; & je l'a-
voie

vois presque oubliée; mais ils m'ont ré-
pété si souvent que c'étoit manquer à la
volonté de mon pere, qu'ils m'ont per-
suadé, & Dimanche prochain nous nous
acquittons pour la premiere fois d'une
chose qu'ils s'accordent tous à regarder
comme un devoir.

Ah, Dorval, lui dis-je, si j'osois !...
Je vous entends, me répondit-il; mais
croyez-vous que ce soit une proposition
à faire à *Constance*, à *Clairville*, & à *Rosalie*. Le sujet de la Piece vous est connu; & vous n'aurez pas de peine à croire
qu'il y a quelques scenes où la présence
d'un étranger gêneroit beaucoup. Cependant c'est moi qui fais ranger le salon. Je ne vous promets point. Je ne vous
refuse pas. Je verrai.

Nous nous séparâmes Dorval & moi.
C'étoit le lundi. Il ne me fit rien dire de
toute la semaine. Mais le Dimanche matin il m'écrivit..... *Aujourd'hui, à trois
heures précises, à la porte du Jardin...*
Je m'y rendis. J'entrai dans le salon par la
fenêtre, & Dorval qui avoit écarté tout
le monde me plaça dans un coin, d'où,
sans être vu, je vis & j'entendis ce qu'on
va lire, excepté la derniere scene. Une
autre fois je dirai pourquoi je n'entendis pas la derniere scene.

Voi-

Voici les noms des Personnages réels de la Piece avec ceux des Acteurs qui pourroient les remplacer.

LYSIMOND, père de Dorval & de Rosalie,	M. Sarrazin.
DORVAL, fils naturel de Lysimond, & ami de Clairville,	M. Grandval.
ROSALIE, fille de Lysimond,	Melle. Gauffin.
JUSTINE, suivante de Rosalie,	Melle. Dangeville.
ANDRÉ', domestique de Lysimond,	M. Le Grand.
CHARLES, valet de Dorval,	M. Armand.
CLAIRVILLE, ami de Dorval & amant de Rosalie,	M. Lequin.
CONSTANCE, jeune veuve, sœur de Clairville,	Melle. Clairon.
SYLVESTRE, valet de Clairville,	
Autres Domestiques de la maison de Clairville.	

La Scene est à Saint-Germain-en-Laye.

L'action commence avec le jour, & se passe dans un salon de la maison de Clairville.

LE
FILS NATUREL,

OU

LES EPREUVES

DE LA VERTU.

COMEDIE.

❦❦❦❦❦❦❦❦❦❦❦❦

ACTE PREMIER.

❦❦❦❦❦❦❦❦❦❦❦❦❦❦

SCENE I.

La Scene est dans un salon. On y voit un clavecin, des chaises, des tables de jeu; sur une de ces tables un trictrac; sur une autre quelques brochures; d'un côté un métier à tapisserie, &c.... dans le fond un canapé, &c.

DORVAL seul.

Il est en habit de campagne, en cheveux négligés; assis dans un fauteuil, à côté d'une table sur laquelle il y a des brochures. Il paroît agité. Après quelques mouvemens violens, il s'appuie sur un des bras de son fauteuil, comme pour dormir. Il quitte bientôt cette situation. Il tire sa montre & dit.

A Peine est-il six heures. *Il se jette sur l'autre bras de son fauteuil; mais il n'y est pas plûtôt qu'il se relève, & dit,* Je ne saurois dormir,

Il prend un livre qu'il ouvre au hasard, & qu'il referme presque sur le champ, & dit:

Je lis sans rien entendre

Il se leve. Il se promene, & dit:

Je ne peux m'éviter.... Il faut sortir d'ici... Sortir d'ici! Et j'y suis enchaîné! J'aime! *(comme effrayé)* & qui aimai-je?... J'ose me l'a-vouer, malheureux, & je reste. *(Il appelle violemment)* Charles. Charles.

SCENE II. *(Cette Scene marche vite.)*

DORVAL, CHARLES.

(Charles croit que son maître demande son chapeau & son epée; il les apporte, les pose sur un fau-teuil, & dit:

CHARLES.

Monsieur, ne vous faut-il plus rien?

DORVAL.

Des chevaux; ma chaise.

CHARLES.

Quoi, nous partons!

DORVAL.

A l'instant. *(Il est assis dans le fauteuil, & tout en parlant, il ramasse des livres, des pa-piers, des brochures, comme pour en faire des paquets.)*

CHARLES.

Monsieur, tout dort encore ici.

DORVAL.

Je ne verrai personne.

CHARLES.

Cela se peut il?

DORVAL.

Il le faut.

A

CHAR-

CHARLES.

Monſieur...

DORVAL.

(Se tournant vers Charles, d'un air triſte &
accablé.) Eh bien, Charles!

CHARLES.

Avoir été accueilli dans cette maiſon, cheri
de tout le monde, prévenu ſur tout, & s'en aller ſans parler à perſonne; permettez, Monſieur....

DORVAL.

J'ai tout entendu. Tu as raiſon. Mais je
pars.

CHARLES.

Que dira Clairville votre ami? Conſtance ſa
ſœur, qui n'a rien négligé pour vous faire aimer
ce ſejour? *(d'un ton plus bas)* Et Roſalie?....
vous ne les verrez point?

DORVAL.

(Soupire profondément, laiſſe tomber ſa tête ſur
ſes mains, & Charles continue.

CHARLES.

Clairville & Roſalie s'étoient flatés de vous
avoir pour témoin de leur mariage. Roſalie ſe
faiſoit une joie de vous préſenter à ſon pere.
Vous deviez les accompagner tous à l'autel.

DORVAL

(Soupire, s'agite, &c.)

CHARLES.

Le bonhomme arrive, & vous partez. Tenez, mon cher maître, j'oſe vous le dire, les
conduites biſarres ſont rarement ſenſées........
Clairville! Conſtance! Roſalie!

DORVAL

(Bruſquement, en ſe levant:) Des chevaux,
ma chaiſe, te dis-je.

CHARLES.

Au moment où le pere de R

voyage de plus de mille lieues ! à la veille du mariage de votre ami !

DORVAL

(*En colere... à Charles.*) Malheureux!... (*à lui-même, en se mordant la levre & se frappant la poitrine*) que je suis..... Tu perds le tems, & je demeure.

CHARLES.

Je vais.

DORVAL.

Qu'on se dépêche.

⚬⚬⚬⚬⚬⚬⚬⚬⚬⚬⚬⚬⚬⚬⚬⚬⚬⚬⚬⚬⚬⚬

SCENE III.

DORVAL *seul.*

(*Il continue de se promener & de rêver.*)

PArtir sans dire adieu ! il a raison, cela seroit d'une bisarrerie, d'une inconsequence.... Et qu'est-ce que ces mots signifient? Est-il question de ce qu'on croira, ou de ce qu'il est honnête de faire? .... Mais après tout, pourquoi ne verrois-je pas Clairville & sa sœur? ne puis-je les quitter & leur en taire le motif?..... Et Rosalie? je ne la verrai point... Non ... l'amour & l'amitié n'imposent point ici les mêmes devoirs, sur-tout un amour insensé qu'on ignore & qu'il faut étouffer .... Mais que dira-t-elle? que pensera-t-elle? ... Amour, sophiste dangereux, je t'entends.

(*Constance arrive en robe de matin, tourmentée de son côté par une passion qui lui a ôté le repos. Un moment après, entrent des Domestiques qui rangent le salon, & qui ramassent les choses ... ont à Dorval..... Charles qui a envoyé ... ... avoir des chevaux, rentre aussi.*)

SCE.

SCENE IV.

DORVAL, CONSTANCE,

des Domestiques

DORVAL.

QUoi, Madame, si matin?

CONSTANCE.

J'ai perdu le sommeil. Mais vous-même, déjà habillé!

DORVAL *(vite.)*

Je reçois des lettres à l'instant. Une affaire pressée m'appelle à Paris. Elle y demande ma présence. Je prends le thé. Charles, du thé. J'embrasse Clairville. Je vous rends graces à tous les deux des bontés que vous avez eues pour moi. Je me jette dans ma chaise, & je pars.

CONSTANCE.

Vous partez! Est-il possible?

DORVAL.

Rien malheureusement n'est plus nécessaire.

(Les Domestiques qui ont achevé de ranger le salon, & de ramasser ce qui est à Dorval, s'éloignent. Charles laisse le thé sur une des tables. Dorval prend le thé.)

(Constance, un coude appuyé sur la table, & la tête panchée sur une de ses mains, demeure dans cette situation pensive.)

DORVAL.

Constance, vous rêvez.

CONSTANCE *(émue, ou plutôt d'un sang froid un peu contraint.)*

Oui, je rêve... mais j'ai tort... la vie que l'on mene ici vous ennuie..... Ce n'est pas d'aujourd'hui que je m'en apperçois.

A 3   DOR-

DORVAL.

Elle m'ennuie! Non, Madame, ce n'est pas
cela.

CONSTANCE.

Qu'avez-vous donc?.... Un air sombre que
je vous trouve....

DORVAL.

Les malheurs laissent des impressions... Vous
savez... Madame.... je vous jure que depuis
long tems, je ne connoissois de douceurs que
celles que je goûtois ici.

CONSTANCE.

Si cela est, vous revenez sans doute.

DORVAL.

Je ne sais... Ai-je jamais sû ce que je
viendrois?

CONSTANCE.

(Après s'être promenée un instant.) Ce moment est donc le seul qui me reste. Il faut parler. (une pause.)

Dorval, écoutez-moi. Vous m'avez trouvée ici il y a six mois, tranquille & heureuse.
J'avois éprouvé tous les malheurs des nœuds
mal assortis. Libre de ces nœuds, je m'étois
promis une indépendance éternelle, & j'avois
fondé mon bonheur sur l'aversion de tout
& dans la sécurité d'une vie retirée.

Après les longs chagrins, la solitude a des
charmes! On y respire en liberté. J'étois
seule de moi. J'y jouissois de mes peines passées. Il me sembloit qu'elles avoient épuré ma
raison. Mes journées toujours innocentes, quelquefois délicieuses, se partageoient entre la lecture, la promenade, & la conversation de mon
frere. Clairville me parloit sans cesse de son
austere & sublime ami. Que j'avois de plaisir
à l'entendre! Combien je désirois de connoître
on

un homme que mon frere aimoit, refpectoit à
tant de titres, & qui avoit développé dans fon
cœur les premiers germes de la fageffe!

Je vous dirai plus. Loin de vous, je mar-
chois déjà fur vos traces; & cette jeune Rofalie
que vous voyez ici étoit l'objet de tous mes
foins, comme Clairville avoit été l'objet des
vôtres.

DORVAL,
(*Emu & attendri*) Rofalie!

CONSTANCE.

Je m'apperçus du goût que Clairville prenoit
pour elle, & je m'occupai à former l'efprit,
& fur-tout le caractere de cet enfant qui devoit
un jour faire la deftinée de mon frere. Il eft
étourdi, je la rendois prudente. Il eft violent,
je cultivois fa douceur naturelle. Je me com-
plaifois à penfer que je préparois de concert avec
vous l'union la plus heureufe qu'il y eût peut-
être au monde, lorfque vous arrivâtes. Hélas!..

(*La voix de Conftance prend ici l'accent de la
tendreffe, & s'affoiblit un peu*)

Votre préfence qui devoit m'éclairer & m'en-
courager n'eut point ces effets que j'en attendois. Peu-à-peu mes foins fe détournerent de
Rofalie. Je ne lui enfeignai plus à plaire,
& je n'en ignorai pas long-tems la raifon.

Dorval, je connus tout l'empire que la vertu
avoit fur vous, & il me parut que je l'en aimois encore davantage. Je me propofai d'en-
trer dans votre ame avec elle, & je crus n'a-
voir jamais formé de deffein qui fût fi bien felon mon cœur. Qu'une femme eft heureufe,
me difois-je, lorfque le feul moyen qu'elle ait
d'attacher celui qu'elle a diftingué, c'eft d'a-
joûter de plus en plus à l'eftime qu'elle fe doit,
c'eft de s'élever fans ceffe à fes propres yeux.

A 4   Je

Je n'en ai point employé d'autre. Si je n'en ai pas attendu le succès, si je parle, c'est le tems, & non la confiance qui m'a manqué. Je ne doutai jamais que la vertu ne fît naître l'amour, quand le moment en seroit venu (*Une petite pause : ce qui suit doit tourner à dire à une femme, telle que Constance.*)

Vous avouerai-je ce qui m'a coûté le plus? C'étoit de vous dérober ces mouvemens si tendres & si peu libres, qui trahissent presque toujours une femme qui aime. La raison se fait entendre par intervalles. Le cœur important parle sans cesse. Dorval, cent fois le mot fatal à mon projet s'est présenté sur mes lèvres. Il m'est échappé quelquefois; mais vous ne l'avez point entendu, & je m'en suis toujours félicitée.

Telle est Constance. Si vous la fuyez, du moins elle n'aura point à rougir d'elle. Eloignée de vous, elle se retrouvera dans le sein de la vertu. Et tandis que tant de femmes détesteront l'instant où l'objet d'une criminelle tendresse arracha de leur cœur un premier soupir, Constance ne se rappellera Dorval que pour s'applaudir de l'avoir connu. Ou s'il se mêle quelqu'amertume à son souvenir, il lui restera toujours une consolation douce & flatteuse dans les sentimens mêmes que vous lui aurez inspirés.

SCE.

※※※※※※※※※※※※※※※※※※

SCENE V.

DORVAL, CONSTANCE, CLAIRVILLE.

DORVAL.

MAdame, voilà votre frere.

CONSTANCE (*attristée, dit*)

Mon frere, Dorval nous quitte. (*& sort*)

CLAIRVILLE.

On vient de me l'apprendre.

※※※※※※※※※※※※※※※※※※

SCENE VI.

DORVAL, CLAIRVILLE.

DORVAL.

(*faisant quelques pas, distrait & embarrassé*)

DEs lettres de Paris... Des affaires qui pressent... Un banquier qui chancele....

CLAIRVILLE.

Mon ami, vous ne partirez point sans m'accorder un moment d'entretien. Je n'ai jamais eu un si grand besoin de votre secours.

DORVAL.

Disposez de moi; mais si vous me rendez justice, vous ne douterez pas que je n'aye les raisons les plus fortes....

CLAIRVILLE (*affligé*).

J'avois un ami, & cet ami m'abandonne. J'étois aimé de Rosalie, & Rosalie ne m'aime plus. Je suis desespéré..... Dorval, m'abandonnerez-vous? ...

DORVAL.

Que puis-je faire pour vous?

A 5   CLAIR-

CLAIRVILLE.

Vous savez si j'aime Rosalie !... Mais non,
vous n'en savez rien. Devant les autres, l'amour
est ma premiere vertu ; j'en rougis presque devant vous... Eh, bien, Dorval, je rougirois
s'il le faut ; mais je l'adore !... Que ne puis-je
vous dire tout ce que j'ai souffert ! Avec quel
ménagement, quelle délicatesse j'ai imposé silence à la passion la plus forte !... Rosalie s'é-
voit retirée près d'ici, avec une tante. C'étoit
une Américaine fort âgée, une amie de Constance. Je voyois Rosalie tous les jours, & tous
les jours je voyois augmenter ses charmes, je
sentois augmenter mon trouble. Sa tante meurt.
Dans ses derniers momens elle appelle ma sœur,
lui tend une main défaillante, & lui montre
Rosalie qui se désoloit au bord de son lit ; elle
la regardoit sans parler ; ensuite elle regardoit
Constance ; des larmes tomboient de ses yeux ;
elle soupiroit ; & ma sœur entendoit tout ce
Rosalie devint sa compagne, sa pupille, son élè-
ve ; & moi, je fus le plus heureux des hommes. Constance voyoit ma passion, Rosalie en
paroissoit touchée. Mon bonheur n'étoit plus
traversé que par la volonté d'une mere inquiete
qui redemandoit sa fille. Je me préparois à
passer dans les climats éloignés où Rosalie prit
naissance : mais sa mere meurt, & son pere
malgré sa vieillesse, prend le parti de revenir
parmi nous.

Je l'attendois, ce pere, pour achever mon
bonheur ; il arrive, & il me trouve désolé.

DORVAL.

Je ne vois pas encor les raisons que vous avez
de l'être.

CLAIRVILLE.

Je vous l'ai dit d'abord, Rosalie ne m'aime
plus.

plus. A mesure que les obstacles qui s'oppo-
soient à mon bonheur ont disparu, elle est de-
venue reservée, froide, indifférente. Ces sentimens tendres qui sortoient de sa bouche avec
une naiveté qui me ravissoit, ont fait place à
une politesse qui me tue. Tout lui est insipide.
Rien ne l'occupe. Rien ne l'amuse. M'apper-
çoit-elle? son premier mouvement est de s'é-
loigner. Son pere arrive; & l'on diroit qu'un
évenement si desiré, si long-tems attendu, n'a
plus rien qui la touche. Un goût sombre pour
la solitude est tout ce qui lui reste. Constance
n'est pas mieux traitée que moi. Si Rosalie
nous cherche encore, c'est pour nous éviter l'un
par l'autre; & pour comble de malheur, ma
sœur même ne paroît plus s'interesser à moi.

DORVAL.

Je reconnois bien la Clairville. Il s'inquiete,
il se chagrine, & il touche au moment de son
bonheur.

CLAIRVILLE.

Ah, mon cher Dorval, vous ne le croyez
pas. Voyez...

DORVAL.

Je ne vois dans toute la conduite de Rosalie
que de ces inégalités auxquelles les femmes les
mieux nées sont le plus sujettes, & qu'il est
quelquefois si doux d'avoir à leur pardonner.
Elles ont le sentiment si exquis; leur ame est si
sensible; leurs organes sont si délicats, qu'un
soupçon, un mot, une idée, suffit pour les al-
larmer. Mon ami, leur ame est semblable au
cristal d'une onde pure & transparente où le
spectacle tranquille de la nature s'est peint. Si
une feuille en tombant vient à en agiter la surface, tous les objets sont vacillans.

A 6   CLAIR-

CLAIRVILLE. (affligé)

Vous me consolez, Dorval, je suis perdu.
Je ne sens que trop. . . . que je ne peux vivre sans
Rosalie ; mais quel que soit le sort qui m'attend, j'en veux être éclairci avant l'arrivée de
son pere.

DORVAL.

En quoi puis-je vous servir?

CLAIRVILLE.

Il faut que vous parliez à Rosalie,

DORVAL.

Que je lui parle !

CLAIRVILLE.

Oui, mon ami. Il n'y a que vous au monde
qui puissiez me la rendre. L'estime qu'elle a
pour vous me fait tout espérer.

DORVAL.

Clairville, que me demandez-vous ? A peine
Rosalie me connoît-elle, & je suis si peu fait
pour ces sortes de discussions.

CLAIRVILLE.

Vous pouvez tout, & vous ne me refuserez
point. Rosalie vous révere. Votre présence la
saisit de respect, c'est elle qui l'a dit. Elle n'osera jamais être injuste, inconstante, ingrate à
vos yeux. Tel est l'auguste privilége de la vertu ; elle en impose à tout ce qui l'approche.
Dorval, paroissez devant Rosalie, & bientôt
elle redeviendra pour moi ce qu'elle doit être,
ce qu'elle étoit.

DORVAL

(posant la main sur l'épaule de Clairville.)

Ah, malheureux !

CLAIRVILLE.

Mon ami, si je le suis !

DORVAL,

Vous exigez. . . .

CLAIR.

CLAIRVILLE.

J'exige....

DORVAL.

Vous ferez fatisfait.

⚜⚜⚜⚜⚜⚜⚜⚜⚜⚜⚜⚜⚜⚜

SCÈNE VII.

DORVAL *feul.*

QUels nouveaux embarras!.... le frere .!.. la
fœur... Ami cruel, amant aveugle , que me
propofez-vous?.... Paroiffez devant Rofalie!
Moi, paroître devant Rofalie, & je voudrois
me cacher à moi-même... Que deviens je,
fi Rofalie me devine? & comment en impofe-
rai je à mes yeux, à ma voix, à mon cœur?...
Qui me répondra de moi?... La vertu?...
M'en refte-t-il encore?

Fin du premier Acte.

A 7   A C

ACTE SECOND.

SCENE I.

ROSALIE, JUSTINE.

ROSALIE.

JUstine, approchez mon ouvrage.

(Justine approche un métier à tapisserie. Rosalie est tristement appuyée sur ce métier. Justine est assise d'un autre côté. Elles travaillent. Rosalie n'interrompt son ouvrage que pour essuyer des larmes qui tombent de ses yeux. Elle le reprend ensuite. Le silence dure un moment, pendant lequel Justine laisse l'ouvrage & considère sa maîtresse.)

JUSTINE.

Est-ce là la joie avec laquelle vous attendez Monsieur votre pere ? sont-ce là les transports que vous lui préparez ? Depuis un tems je n'entends rien à votre ame. Il faut que ce qui se passe soit mal ; car vous me le cachez, & vous faites très-bien.

ROSAILIE.

(Point de réponse de la part de Rosalie ; mais des soupirs, du silence & des larmes.)

JUSTINE.

Perdez-vous l'esprit, Mademoiselle ? au moment de l'arrivée d'un pere ! à la veille d'un mariage ! Encore un coup, perdez-vous l'esprit ?

ROSALIE.

Non, Justine.

JUSTINE *(après une pause.)*

Seroit-il arrivé quelque malheur à Monsieur votre pere ?

Ro-

ROSALIE.

Non, Justine. *Toutes ces questions se font à
différens intervalles dans
lesquels Justine quitte &
reprend son ouvrage.*

JUSTINE.
(après une pause un peu plus longue.)

Par hasard, est-ce que vous n'aimeriez plus
Clairville?

ROSALIE.

Non, Justine.

JUSTINE.
(reste un peu stupéfaite. Elle dit ensuite:)

La voilà donc la cause de ces soupirs, de ce
silence & de ces larmes?... Oh, pour le coup,
les hommes n'ont qu'à dire que nous sommes
folles, que la tête nous tourne aujourd'hui pour
un objet que demain nous voudrions savoir à
mille lieues. Qu'ils disent de nous tout ce qu'ils
voudront, je veux mourir si je les en dédis....
Vous ne vous êtes pas attendue, Mademoiselle, que j'approuverois ce caprice.... Clairville
vous aime éperdument. Vous n'avez aucun sujet de vous plaindre de lui. Si jamais femme a
pû se flater d'avoir un amant tendre, fidele,
honnête, de s'être attaché un homme qui eût
de l'esprit, de la figure, des mœurs!... Je n'ai
jamais pû concevoir, moi, qu'on cessât sans
sujet. Il y a là quelque chose où je n'entends
rien.

*(Justine s'arrête un moment. Rosalie continue
de travailler & de pleurer. Justine reprend d'un
ton hypocrite & radouci, & dit tout en travail-
lant, & sans lever les yeux de dessus son ouvrage:)*

Après tout, si vous n'aimez plus Clairville,
cela est fâcheux.... mais il ne faut pas s'en dé-
sespérer comme vous faites.... Quoi donc!

après

après lui, n'y auroit-il plus personne au monde que vous pussiez aimer?

ROSALIE.

Non, Justine.

JUSTINE.

Oh pour celui-là, on ne s'y attend pas.

(Dorval entre, Justine se retire, Rosalie quitte son métier, se hâte de s'essuyer les yeux, & de se composer un visage tranquille. Elle a dit auparavant:)

ROSALIE.

O Ciel! c'est Dorval.

❦❧❦❧❦❧❦❧❦❧❦❧❦❧❦❧❦❧❦❧

SCENE II.

ROSALIE, DORVAL.

DORVAL *(d'un ton un peu ému.)*

PErmettez, mademoiselle, qu'avant mon départ *(à ces mots Rosalie paroît étonnée)*, j'obéisse à un ami, & que je cherche à lui rendre auprès de vous un service qu'il croit important. Personne ne s'intéresse plus que moi à votre bonheur & au sien; vous le savez. Souffrez donc que je vous demande en quoi Clainville a pu vous déplaire, & comment il a mérité la froideur avec laquelle il dit qu'il est traité.

ROSALIE.

C'est que je ne l'aime plus.

DORVAL.

Vous ne l'aimez plus!

ROSALIE.

Non, Dorval.

DORVAL.

Et qu'a-t-il fait pour s'attirer cette horrible disgrace?

Ro-

ROSALIE.

Rien. Je l'aimois. J'ai cessé. J'étois legere apparemment, sans m'en douter.

DORVAL.

Avez-vous oublié que Clairville est l'amant que votre cœur à préféré ?... Songez-vous qu'il traîneroit des jours bien malheureux, si l'espérance de recouvrer votre tendresse lui étoit ôtée ? .... Mademoiselle, croyez-vous qu'il soit permis à une honnête femme de se jouer du bonheur d'un honnête homme ?

ROSALIE.

Je sais là-dessus tout ce qu'on peut me dire. Je m'accable sans cesse de reproches. Je suis desolée. Je voudrois être morte !

DORVAL.

Vous n'êtes point injuste.

ROSALIE.

Je ne sais plus ce que je suis. Je ne m'estime plus.

DORVAL.

Mais pourquoi n'aimez-vous plus Clairville ? Il y a des raisons à tout.

ROSALIE.

C'est que j'en aime un autre.

DORVAL.

Rosalie ! Elle ! (*avec un étonnement mêlé de reproches*),

ROSALIE.

Oui, Dorval, ... Clairville sera bien vengé !

DORVAL.

Rosalie, ... si par malheur il étoit arrivé... que votre cœur surpris... fût entraîné par un penchant.... dont votre raison vous fît un crime... J'ai connu cet état cruel ! ... Que je vous plaindrois !

ROSALIE.

Plaignez-moi donc,

DOR-

(18)

DORVAL.
(Ne lui répond que par le geste de commisération.)
ROSALIE.

J'aimois Clairville. Je n'imaginois pas que je
puffe en aimer un autre, lorsque je rencontrai
l'écueil de ma constance & de notre bonheur.
Les traits, l'esprit, le regard, le son de la voix,
tout dans cet objet doux & terrible sembloit
répondre à je ne sais quelle image que la nature
avoit gravée dans mon cœur. Je le vis, je crus
y reconnoître la vérité de toutes ces chimeres
de perfection que je m'étois faites, & d'abord
il eut ma confiance... Si j'avois pû concevoir
que je manquois à Clairville ! ... Mais hélas !
je n'en avois pas eu le premier soupçon, que
j'étois toute accoûtumée à aimer son rival...
Et comment ne l'aurois-je pas aimé ?... Ce
qu'il disoit, je le pensois toujours. Il ne man-
quoit jamais de blâmer ce qui devoit me déplaire. Je louois quelquefois d'avance ce qu'il alloit approuver. S'il exprimoit un sentiment, je
croyois qu'il avoit deviné le mien... Que vous
dirai-je enfin ? Je me voyois à peine dans les autres; *(elle ajoûte en baissant les yeux & la voix)*
& je me retrouvois sans cesse en lui.

DORVAL.
Et ce mortel heureux connoît-il son bonheur ?

ROSALIE.
Si c'est un bonheur, il doit le connoître.
DORVAL.
Si vous aimez, on vous aime sans doute.
ROSALIE.
Dorval, vous le savez.
DORVAL *(vivement.)*
Oui, je le sais, & mon cœur le sent...
Qu'ai-je entendu ?... Qu'ai-je dit ?... Qui me
sauvera de moi-même ? ..... *(Dorval & Ro-*

salie se regardent un moment en silence. Rosalie pleure amèrement. On annonce Clairville.)

SYLVESTRE (à Dorval.)

Monsieur, Clairville demande à vous parler.

DORVAL (à Rosalie.)

Rosalie.... Mais on vient.... Y pensez-vous?.... C'est Clairville. C'est mon ami. C'est votre amant.

ROSALIE.

Adieu, Dorval. *(Elle lui tend une main; Dorval la prend, & laisse tomber tristement sa bouche sur cette main, & Rosalie ajoute,* Adieu, quel mot!

SCENE III.

DORVAL, seul.

Dans sa douleur, qu'elle m'a paru belle! Que des charmes étoient touchans! J'aurois donné ma vie pour recueillir une des larmes qui couloient de ses yeux?.... "Dorval, vous le savez".... Ces mots retentissent encore dans le fond de mon cœur... Ils ne sortiront pas si-tôt de ma mémoire!....

SCENE IV.

DORVAL, CLAIRVILLE.

CLAIRVILLE.

Excusez mon impatience. Eh bien Dorval!..

DORVAL.

(Dorval est troublé. Il tâche de se remettre; mais il y réussit mal. Clairville qui cherche à lire sur

(20)

sur son visage, s'en apperçoit, se méprend, & dit :)

CLAIRVILLE.

Vous êtes troublé! Vous ne me parlez point! Vos yeux se remplissent de larmes! Je vous entends, je suis perdu!

(Clairville, en achevant ces mots, se jette dans le sein de son ami. Il y reste un moment en silence. Dorval verse quelques larmes sur lui, & Clairville dit, sans se déplacer, d'une voix basse & sanglotante:

CLAIRVILLE.

Qu'a-t-elle dit? Quel est mon crime? Ami, de grace, achevez-moi.

DORVAL.

Que je l'acheve!

CLAIRVILLE.

Elle m'enfonce un poignard dans le sein! vous, le seul homme qui pût l'arracher peut-être, vous vous éloignez! vous m'abandonnez à mon desespoir!... Trahi par ma maîtresse, abandonné de mon ami! que vais-je devenir? Dorval, vous ne me dites rien?

DORVAL.

Que vous dirai-je?.... Je crains de parler.

CLAIRVILLE.

Je crains bien plus de vous entendre; parlez pourtant, je changerai du-moins de supplice. Votre silence me semble en ce moment, le plus cruel de tous.

DORVAL *(en hésitant.)*

Rosalie....

CLAIRVILLE *(en hésitant.)*

Rosalie....

DORVAL.

Vous me l'aviez bien dit,.... ne me plus avoir cet empressement qui vous promettoit un bonheur si prochain.

CLAIR

CLAIRVILLE.
Elle a changé !.... Que me reproche-t-elle!

DORVAL.
Elle n'a pas changé, si vous voulez... Elle ne
vous reproche rien ... mais son pere....

CLAIRVILLE.
Son pere a-t-il repris son consentement?

DORVAL.
Non. Mais elle attend son retour ... Elle
craint.... Vous savez mieux que moi qu'une
fille bien née craint toûjours.

CLAIRVILLE
Il n'y a plus de craintes à avoir. Tous les obstacles sont levés. C'étoit sa mere qui s'opposoit
à nos vœux; elle n'est plus, & son pere n'arrive
que pour m'unir à sa fille, se fixer parmi nous,
& finir ses jours tranquillement, dans sa patrie,
au sein de sa famille, au milieu de ses amis. Si
j'en juge par ses lettres, ce respectable vieillard
ne sera guere moins affligé que moi. Songez,
Dorval, que rien n'a pû l'arrêter; qu'il a ven-
du ses habitations ; qu'il s'est embarqué avec
toute sa fortune, à l'âge.. de quatre-vingt ans
je crois, sur des mers couvertes de vaisseaux ennemis.

DORVAL.
Clairville, il faut l'attendre. Il faut tout espérer des bontés du pere, de l'honnêteté de la fille, de votre amour, & de mon amitié. Le Ciel
ne permettra pas que des êtres qu'il semble avoir
formés pour servir de consolation & d'encoura-
gement à la vertu, soient tous malheureux sans
l'avoir mérité.

CLAIRVILLE.
Vous voulez donc que je vive.

DORVAL
Si je le veux!.... Si Clairville pouvoit lire au
fond

fond de mon ame ! Mais j'ai satisfait à ce que
vous exigiez.

CLAIRVILLE.

C'eſt à regret que je vous entends. Allez
mon ami. Puiſque vous m'abandonnez dans la
triſte ſituation où je ſuis, je peux tout croire
des motifs qui vous rappellent. Il ne me reſte
plus qu'à vous demander un moment. Ma ſœur
allarmée de quelques bruits fâcheux qui ſe ſont
répandus ici ſur la fortune de Roſalie & ſur le
retour de ſon pere, eſt ſorrie malgré elle, je
lui ai promis que vous ne partiriez point qu'elle
ne fût rentrée. Vous ne me refuſerez pas de l'attendre.

DORVAL.

Y a-t-il quelque choſe que Conſtance ne puiſſe obtenir de moi !

CLAIRVILLE.

Conſtance ! hélas, j'ai penſé quelquefois.
Mais renvoyons ces idées à des tems plus heureux... Je ſais où elle eſt, & je vais hâter ſon
retour.

SCENE V.

DORVAL ſeul.

SUis-je aſſez malheureux !... J'inſpire une paſſion ſecrete à la ſœur de mon ami... j'en
prends une inſenſée pour ſa maîtreſſe ; elle
pour moi.... Que fais-je encore dans une
maiſon que je remplis de déſordre ? Où eſt
l'honnêteté ? Y en a-t-il dans ma conduite ?... (Il appelle comme un forcené) Charles
Charles.... On ne vient point... Tout m'a-
banndonne.... (Il ſe renverſe dans un fau-
uil, Il s'abyme dans la rêverie. Il jette ſes mais
pu

par intervalles) .... Encore, si c'étoient-là les
premiers malheureux que je fais! ... mais non,
je traîne par tout l'infortune ..... Tristes mor-
tels, misérables jouets des événemens...soyez
bien fiers de votre bonheur, de votre vertu ! ....
Je viens ici, j'y porte une ame pure . oui;
car elle l'est encore... J'y trouve trois êtres favo-
ris du Ciel ; une femme vertueuse & tranquille ; un amant passionné & payé de retour ;
une jeune amante raisonnable & sensible. .....
La femme vertueuse a perdu sa tranquillité.
Elle nourrit dans son cœur une passion qui la
tourmente. L'amant est désespéré. Sa maîtresse devient inconstante, & n'en est que plus malheureuse...... Quel plus grand mal eût fait un
scélérat ! ... O toi qui conduis tout, qui m'as
conduit ici, te chargeras-tu de te justifier ? ....
Je ne sai où j'en suis.... (*Il crie encore*) Charles,
Charles.

SCENE VI.

DORVAL, CHARLES, SYLVESTRE.

CHARLES.

MOnsieur, les cheveaux sont mis. Tout est
prêt. (*Cela dit, il sort*)
SYLVESTRE (*entre.*)
Madame vient de rentrer. Elle va descendre.
DORVAL.
Constance?
SYLVESTRE.
Oui, Monsieur (*Cela dit, il sort.*)
CHARLES
(*Rentre, & dit à Dorval, qui, l'air sombre &
les bras croisés, l'écoute & le regarde.*)
(*En*

(*En cherchant dans ses poches*), Monsieur, vous me troublez aussi avec vos impatiences. Non, il, semble que le bon sens se soit enfui de cette maison... Dieu veuille que nous trapions en route... Je ne pensois plus que je vois une lettre; & maintenant que j'y pense, je ne la trouve plus. (*A force de chercher, il trouve la lettre & la donne à Dorval*).

DORVAL.

Et donne donc ? (*Charles sort*).

SCENE VII.

DORVAL *seul.* (*Il lit*).

» LA honte & le remords me poursuivent.
» Dorval, vous connoissez les lois de l'in-
» nocence... Suis-je criminelle ?... Sauvez-
» moi ! ... Hélas, en est-il tems encore !
» Que je plains mon pere ! Et Clairville ! je
» donnerois ma vie pour lui ... Adieu, Dor-
» val, je donnerois pour vous mille vies ...
» Adieu ! ... vous vous éloignez ; & je vais
» mourir de douleur".

(*Après avoir lû d'une voix entre-coupée &
dans un trouble extrême, il se jette dans un fauteuil. Il garde un moment le silence. Tournant
ensuite des yeux égarés & distraits sur la lettre
qu'il tient d'une main tremblante, il en lit
quelques mots, & il dit :*)

"La honte & le remords me poursuivent".
C'est à moi de rougir, d'être déchiré. "Vous
» connoissez les lois de l'innocence". Je les
connus autrefois. "Suis-je criminelle ?" Non,
c'est moi qui le suis........ "Vous vous éloig-
» nez, & je vais mourir".... O Ciel, je
succombe !.... (*En se levant*). Arrachons-
nous

nous d'ici . . . . . Je veux . . . . . je ne puis . . . . ma
raison se trouble . . . . Dans quelles tenebres suis-
je tombé? . . . . O Rosalie! ô vertu! ô tourment!

(*Après un moment de silence, il se leve, mais
avec peine. Il s'approche lentement d'une table.
Il écrit quelques lignes pénibles; mais tout au-
travers de son écriture, arrive Charles, en
criant*).

SCENE VIII.

DORVAL, CHARLES.

CHARLES.

MOnsieur, au secours. On assassine . . . Clairville . . .

(*Dorval quitte la table où il écrit, laisse sa lettre à moitié, se jette sur son épée qu'il trouve sur
un fauteuil, & vole au secours de son ami. Dans
ces mouvemens, Constance survient, & demeure
fort surprise de se voir laisser seule par le maître
& par le valet*).

SCENE IX.

CONSTANCE *seule*.

QUe veut dire cette fuite? . . . Il a dû m'attendre. J'arrive, il disparoît . . . . . Dorval, vous me connoissez mal. . . . J'en peux
guérir . . . .

(*Elle approche de la table, & apperçoit la lettre à demi-écrite*).

Une lettre!

(*Elle prend la lettre, & la lit*).

B   " Je

„ Je vous aime, & je fuis …, hélas, beau-
„ coup trop tard ! Je fuis l'ami de Clairville …
„ Les devoirs de l'amitié, les lois facrées de
„ l'hofpitalité „ ? …

Ciel ! quel eft mon bonheur ! …. Il m'aime ! … Dorval, vous m'aimez …. (*Elle fe
promene agitée*) … Non, vous ne partirez
point …. Vos craintes font frivoles …. votre
délicateffe eft vaine …. Vous avez ma tendreffe …. Vous ne connoiffez ni Conftance
ni votre ami ….. Non, vous ne les connoiffez
pas. … Mais peut-être qu'il s'éloigne, qu'il
fuit au moment où je parle. (*Elle fort de la
Scene avec quelque précipitation*).

Fin du fecond Acte.

A C

ACTE III.

SCENE PREMIERE.

DORVAL, CLAIRVILLE.

(Ils rentrent le chapeau sur la tête. Dorval re-met le sien avec son épée sur le fauteuil).

CLAIRVILLE.

Soyez assuré que ce que j'ai fait, tout autre l'eût fait à ma place.

DORVAL.

Je le crois. Mais je connois Clairville. Il est vif.

CLAIRVILLE.

J'étois trop affligé pour m'offenser legere-ment .... Mais que pensez vous de ces bruits qui avoient appellé Constance chez son amie?

DORVAL.

Il ne s'agit pas de cela.

CLAIRVILLE.

Pardonnez moi. Les noms s'accordent; on parle d'un vaisseau pris, d'un viellard appellé Merian ....

DORVAL.

De graces, laissons pour un moment ce vais-seau, ce vieillard, & venons à votre affaire. Pourquoi me taire une chose dont tout le mon-de s'entretient à-present, & qu'il faut que j'ap-prenne?

CLAIRVILLE.

J'aimerois mieux qu'un autre vous la dît.

DORVAL.

Je n'en veux croire que vous.

B 2

CLAIR-

CLAIRVILLE.

Puisqu'abſolument vous voulez que je parle,
il s'agiſſoit de vous.

DORVAL.

De moi?

CLAIRVILLE.

De vous. Ceux contre leſquels vous m'avez
ſecouru, ſont deux méchans & deux lâches.
L'un s'eſt fait chaſſer de chez Conſtance pour
des noirceurs ; l'autre eut quelque temps des
vûes ſur Roſalie. Je les trouve chez cette femme que ma ſœur venoit de quitter. Ils parloient
de votre départ ; car tout le ſait ici. Ils dou-
toient s'il falloit m'en féliciter ou m'en plaindre.
Ils en étoient également ſurpris.

DORVAL.

Pourquoi ſurpris?

CLAIRVILLE.

C'eſt, diſoit l'un, que ma ſœur vous aime.

DORVAL.

Ce diſcours m'honore.

CLAIRVILLE.

L'autre que vous aimez ma maîtreſſe.

DORVAL.

Moi?

CLAIRVILLE.

Vous.

DORVAL.

Roſalie.

CLAIRVILLE.

Roſalie.

DORVAL.

Clairville, vous croiriez....

CLAIRVILLE.

Je vous crois incapable d'une trahiſon. *(Dorval s'agite)* Jamais un ſentiment bas n'entra dans
l'ame de Dorval, ni un ſoupçon injurieux dans
l'eſprit de Clairville.

DOR.

DORVAL.

Clairville, épargnez-moi.

CLAIRVILLE.

Je vous rends juſtice. Auſſi tournant ſur eux des regards d'indignation & de mépris (*Clairville regardant Dorval avec ces yeux, Dorval ne peut les ſoutenir. Il détourne la tête, & ſe couvre le viſage avec les mains*), je leur fis entendre qu'on portoit en ſoi le germe des baſſeſſes (*Dorval eſt tourmenté*) dont on étoit ſi prompt à ſoupçonner autrui, & que par-tout où j'étois, je prétendois qu'on reſpectât ma maîtreſſe, ma ſœur, & mon ami.... Vous m'approuvez, je penſe.

DORVAL.

Je ne peux vous blâmer.... Non..... Mais.

CLAIRVILLE.

Ce diſcours ne demeura pas ſans réponſe. Ils ſortent. Je ſors. Ils m'attaquent....

DORVAL.

Et vous périſſiez, ſi je n'étois accouru?...

CLAIRVILLE.

Il eſt certain que je vous dois la vie.

DORVAL.

C'eſt-à-dire qu'un moment plus tard, je devenois votre aſſaſſin.

CLAIRVILLE.

Vous n'y penſez pas. Vous perdiez votre ami; mais vous reſtiez, toujours vous-même, Pouviez-vous prévenir un indigne ſoupçon?

DORVAL.

Peut-être.

CLAIRVILLE.

Empêcher d'injurieux propos?

DORVAL.

Put-être,

B 3   CLAIR-

CLAIRVILLE.

Que vous êtes injuste envers vous!

DORVAL.

Que l'innocence & la vertu sont grandes, &
que le vice obscur est petit devant elles!

⬥⬥⬥⬥⬥⬥⬥⬥⬥⬥⬥⬥⬥⬥⬥⬥⬥⬥⬥⬥⬥

SCENE II.

DORVAL, CLAIRVILLE,
CONSTANCE.

CONSTANCE.

DOrval... mon frere... dans quelles inquiétudes vous nous jettez!... Vous m'envo-
yez encore toute tremblante, & Rosalie en est
à moitié morte.

DORVAL & CLAIRVILLE.

Rosalie! (Dorval se contraint subitement).

CLAIRVILLE.

J'y vais, j'y cours.

CONSTANCE (l'arrêtant par le bras.)

Elle est avec Justine. Je l'ai vûe. Je la quitte. N'en soyez point inquiet.

CLAIRVILLE.

Je le suis d'elle... Je le suis de Dorval...
Il est d'un sombre qui ne se conçoit pas... Au
moment où il sauve la vie à son ami!... Mon
ami, si vous avez quelques chagrins, pourquoi
ne pas les répandre dans le sein d'un homme
qui partage tous vos sentimens; qui, s'il étoit
heureux, ne vivroit que pour Dorval & pour
Rosalie.

CONSTANCE.

(tirant une lettre de son sein, la donne à son
frere, & lui dit):

Tenez, mon frere, voilà son secret, le mien,
&c

& le sujet apparemment de sa mélancolie.

(Clairville prend la lettre & la lit. Dorval qui reconnoît cette lettre pour celle qu'il écrivoit à Rosalie, s'écrie).

DORVAL.

Juste-Ciel! C'est ma lettre!

CONSTANCE.

Oui, Dorval. Vous ne partez plus. Je sais tout. Tout est arrangé … Quelle délicatesse vous rendoit ennemi de notre bonheur ? … Vous m'aimiez! … Vous fuyiez! …

(A chacun de ces mots, Dorval s'agite & se tourmente).

DORVAL.

Il falloit. Il le faut encore. Un sort cruel me poursuit. Madame, cette lettre … *(bas)* Ciel, qu'allois-je dire!

CLAIRVILLE.

Qu'ai-je lu ? Mon ami, mon libérateur va devenir mon frère! Quel surcroît de bonheur & de reconnoissance!

CONSTANCE.

Aux transports de la joie, reconnoissez enfin la vérité de ses sentimens & l'injustice de votre inquiétude. Mais quel motif ignoré peut encore suspendre les vôtres? Dorval, si j'ai votre tendresse, pourquoi n'ai-je pas aussi votre confiance?

DORVAL *(d'un ton triste & avec un air abattu).*

Clairville.

CLAIRVILLE.

Mon ami, vous êtes triste.

DORVAL.

Il est vrai.

CONSTANCE.

Parlez, ne vous contraignez plus. … Dorval, prenez quelque confiance en votre ami.

(Dor-

(Dorval continuant toûjours de se taire, Constan-ce ajoûte). Mais je vois que ma présence vous gêne. Je vous laisse avec lui.

❦❦❦❦❦❦❦❦❦❦❦❦

SCENE III.

DORVAL, CLAIRVILLE.

CLAIRVILLE.

DOrval, nous sommes seuls.... Auriez-vous douté si j'approuverois l'union de Constan-ce avec vous?..... Pourquoi m'avoir fait un mystere de votre penchant? J'excuse Constan-ce, c'est une femme.... mais vous!.... Vous ne me répondez pas.

(Dorval écoute la tête panchée & les bras croi-sés.)

Auriez-vous craint que ma sœur instruite des circonstances de votre naissance.....

DORVAL

(Sans changer de posture, seulement en tour-nant la tête vers Clairville)

Clairville, vous m'offensez. Je porte une ame trop haute, pour concevoir de pareilles craintes. Si Constance étoit capable de ce pré-jugé, j'ose le dire, elle ne seroit pas digne de moi.

CLAIRVILLE.

Pardonnez, mon cher Dorval, la tristesse opiniâtre où je vous vois plongé, quand tout paroît seconder vos vœux.....

DORVAL

(Bas & avec amertume). Oui, tout me réus-sit singulierement.

CLAIRVILLE.

Cette tristesse m'agite, me confond, & por-te mon esprit sur toutes sortes d'idées. Un peu

peu plus de confiance de votre part m'en éparg-
neroit beaucoup de fausses . . . . Mon ami, vous
n'avez jamais eu d'ouverture avec moi . . . . .
Dorval ne connoît point ces doux épanche-
mens . . . . son ame renfermée . . . . Mais enfin
vous aurois-je compris ? Auriez-vous appréhendé que privé par un second mariage de Constance de la moitié d'une fortune, à la vérité
peu considérable, mais qu'on me croyoit assû-
rée, je ne fusse plus assez riche pour épouser Rosalie ?

DORVAL (*tristement*).

! La voilà, cette Rosalie ! . . . . Clairville, songez à soûtenir l'impression que votre péril a dû
faire sur elle.

SCENE IV.

DORVAL, CLAIRVILLE, ROSA-LIE, JUSTINE.

CLAIRVILLE

(*se hâtant d'aller au-devant de Rosalie*).

ESt-il bien vrai que Rosalie ait craint de me
perdre ? qu'elle ait tremblé pour ma vie ? Que
l'instant où j'allois périr me seroit cher, s'il a-
voit rallumé dans son cœur une étincelle d'intérêt !

ROSALIE.

Il est vrai que votre imprudence m'a fait frémir.

CLAIRVILLE.

Que je suis fortuné (*Il veut baiser la main de
Rosalie, qui la retire*).

ROSALIE.

Arrêtez, Monsieur. Je sens toute l'obligation

B 5   que

que nous avons à Dorval. Mais je n'ignore
pas que, de quelque maniere que se terminent
ces évenemens pour un homme, les suites en
sont toujours fâcheuses pour une femme.

DORVAL.

Mademoiselle, le hasard nous engage & l'honneur a ses lois.

CLAIRVILLE.

Rosalie, je suis au desespoir de vous avoir
déplû. Mais n'accablez pas l'amant le plus sou-
mis & le plus tendre. Ou si vous l'avez résolu,
du moins n'affligez pas davantage un ami qui
seroit heureux sans votre injustice. Dorval aime Constance. Il en est aimé. Il partoit. Une
lettre surprise a tout découvert...... Rosalie,
dites un mot, & nous allons tous être unis d'un
lien éternel, Dorval à Constance, Clairville à
Rosalie; un mot! & le Ciel reverra ce séjour avec
complaisance.

ROSALIE
(tombant dans un fauteuil).

Je me meurs.

DORVAL & CLAIRVILLE.

O Ciel! elle se meurt.

CLAIRVILLE
(tombe aux genoux de Rosalie).

DORVAL
(appelle les domestiques). Charles, Sylvelin,
Justine.

JUSTINE
(secourant sa maîtresse). Vous voyez, Mademoiselle.... Vous avez voulu sortir.. Je
vous l'avois prédit....

ROSALIE
(revenant à elle & se levant, dit).

Allons, Justine.

CLAIR.

CLAIRVILLE

(veut lui donner le bras & la soutenir).
Rosalie....

ROSALIE.

Laissez-moi.... Je vous hais.... Laissez-
moi, vous dis-je.

❧❧❧❧❧❧❧❧❧❧❧❧❧❧❧❧

SCENE V.

DORVAL, CLAIRVILLE.

*(Clairville quitte Rosalie. Il est comme un fou.
Il va, il vient, s'arrête, Il soupire de douleur,
de fureur. Il s'appuie les coudes sur le dos d'un
fauteuil, la tête sur ses mains, & les poings dans
les yeux. Le silence dure un moment. Enfin il
dit).*

CLAIRVILLE.

EN est-ce assez ?.... Voilà donc le prix
de mes inquiétudes ! Voilà le fruit de
toute ma tendresse ! Laissez-moi. Je vous hais.
Ah ! *(Il pousse l'accent inarticulé du desespoir, il
se promene avec agitation, & il répete sous diffe-
rentes sortes de déclamations violentes,* laissez-
moi, je vous hais. *Il se jette dans un fauteuil.
Il y demeure un moment en silence. Puis il dit
d'un ton sourd & bas):* elle me hait !.... & qu'ai-
je fait pour qu'elle me haïsse ? Je l'ai trop aimée.
*Il se tait encore un moment. Il se leve. Il se
promene. Il paroît s'être un peu tranquillisé. Il
dit):* Oui, je lui suis odieux. Je le vois. Je
le sens. Dorval, vous êtes mon ami. Faut-il
se détacher d'elle.... & mourir ? Parlez. Décidez de mon sort. *(Charles entre. Clairville se
promene).*

SCENE VI.

DORVAL, CLAIRVILLE, CHARLES.

CHARLES
(en tremblant ; à Clairville qu'il voit agité).

MOnsieur....

CLAIRVILLE.
(le regardant de côté) : Eh bien ?

CHARLES.

Il y a là-bas un inconnu qui demande à parler à quelqu'un.

CLAIRVILLE *brusquement*).

Qu'il attende.

CHARLES.

(toujours en tremblant & fort bas) : C'est un malheureux, & il y a long-tems qu'il attend.

CLAIRVILLE
(avec impatience) : Qu'il entre.

SCENE VII.
DORVAL, CLAIRVILLE, JU-STINE, CHARLES, SYLVES-TRE, ANDRE',

Et les autres Domestiques de la maison attirés par la curiosité, & diversement répandus sur la Scene. Justine arrive un peu plus tard que les autres.

CLAIRVILLE *(un peu brusquement)* :

QUi êtes vous? Que voulez-vous?

ANDRE.

Monsieur, je m'appelle André. Je suis au service d'un honnête vieillard. J'ai été le compagnon de ses infortunes; & je venois annoncer son retour à sa fille.

CLAIRVILLE.

A Rosalie?

ANDRE.

Oui, Monsieur.

CLAIRVILLE.

Encore des malheurs! Où est votre maître? Qu'en avez-vous fait?

ANDRE.

Rassûrez-vous, Monsieur. Il vit. Il arrive. Je vous instruirai de tout, si j'en ai la force, & si vous avez la bonté de m'entendre.

CLAIRVILLE.

Parlez.

ANDRE.

Nous sommes partis mon maître & moi, sur le vaisseau *l'Apparent*, de la rade du Fort-royal, le six du mois de Juillet. Jamais mon maître n'avoit eu plus de santé ni montré tant de joie. Tantôt le visage tourné où les vents

B 7   semfembloient nous porter, il élevoit fes mains au Ciel, & lui demandoit un prompt retour. Tantôt me regardant avec des yeux remplis d'efperance, il me difoit: „ André, encore quinze „ jours, & je verrai mes enfans, & je les embraſſerai, & je ferai heureux une fois du moins „ avant que de mourir. ”

CLAIRVILLE *(touché.)*

(A Dorval.) Vous entendez. Il m'appelloit déja du doux nom de fils. Eh bien, André?

ANDRE.

Monſieur, que vous dirai-je? Nous avions eu la navigation la plus heureuſe. Nous touchions aux côtes de la France. Echappés aux dangers de la mer, nous avions ſalué la terre par mille cris de joie, & nous nous embraſſions tous les uns les autres, Commandans, Officiers, Paſſagers, Matelots, lorſque nous ſommes approchés par des vaiſſeaux qui nous crient, *la paix, la paix,* abordés à la faveur de ces cris perfides, & faits priſonniers.

DORVAL & CLAIRVILLE

(En marquant leur ſupriſe & leur douleur, chacun par l'action qui convient à ſon caractère.) Priſonniers!

ANDRE.

Que devint alors mon maître? Des larmes couloient de ſes yeux. Il pouſſoit de profonds ſoupirs. Il tournoit ſes regards, il étendoit les bras, ſon ame ſembloit s'élancer vers les rivages d'où nous nous éloignions. Mais à peine les eumes-nous perdus de vûe, que ſes yeux ſe fecherent. Son cœur ſe ſerra. Sa vûe s'attacha ſur les eaux, il tomba dans une douleur ſombre & morne qui me fit trembler pour ſa vie. Je lui préſentai plusieurs fois du pain & de l'eau qu'il repouſſa.

(André s'arrête ici un moment pour pleurer.)

Ce-

Cependant, nous arrivons dans le port ennemi.... Difpenfez-moi de vous dire le reste....
Non, je ne pourrai jamais.

CLAIRVILLE.

André, continuez.

ANDRÉ.

On me dépouille. On charge mon maître
de liens. Ce fut alors que je ne pus retenir mes
cris. Je l'appellai plufieurs fois : ,, Mon maî-
,, tre, mon cher maître." Il m'entendit, me
regarda, laiffa tomber les bras triftement, fe
retourna, & fuivit fans parler ceux qui l'environnoient.... Cependant on me jette à moitié
nud, dans le lieu le plus profond d'un bâti-
ment, pêle-mêle, avec une foule de malheureux, abandonnés impitoyablement dans la fan-
ge, aux extrémités terribles de la faim, de la
foif & des maladies. Et pour vous peindre en
un mot toute l'horreur du lieu, je vous dirai
qu'en un inftant j'y entendis tous les accents de
la douleur, toutes les voix du defefpoir, & que
de quelque côté que je regardaffe, je voyois
mourir.

CLAIRVILLE.

Voilà donc ces peuples dont on nous vante
la fageffe, qu'on nous propofe fans ceffe pour
modeles! C'eft ainfi qu'ils traitent les hommes!

DORVAL.

Combien l'efprit de cette nation généreufe a
changé!

ANDRÉ.

Il y avoit trois jours que j'étois confondu
dans cet amas de morts & de mourans, tous
François, tous victimes de la trahifon, lorfque
j'en fus tiré. On me couvrit de lambeaux déchirés, & l'on me conduifit avec quelques-uns
de mes malheureux compagnons, dans la ville
à-travers des rues pleines d'une populace ef-
fre-

frenée qui nous accabloit d'imprécations & d'injures; tandis qu'un monde tout-à-fait différent, que le tumulte avoit attiré aux fenêtres, faisoit pleuvoir sur nous l'argent & les secours.

DORVAL.

Quel mélange incroyable d'humanité, de bienfaisance, & de barbarie!

ANDRÉ.

Je ne savois si l'on nous conduisoit à la liberté, ou si l'on nous traînoit au supplice.

CLAIRVILLE.

Et votre maître, André?

ANDRÉ.

J'allois à lui: c'étoit le premier des bons offices d'un ancien correspondant qu'il avoit informé de notre malheur. J'arrivai à une des prisons de la ville. On ouvrit les portes d'un cachot obscur où je descendis. Il y avoit déja quelque tems que j'étois immobile dans ces tenebres, lorsque je fus frappé d'une voix mourante qui se faisoit à peine entendre, & qui disoit. en s'éteignant : ,, André, est-ce toi? Il ,, y a longtems que je t'attends." Je courus à l'endroit d'où venoit cette voix, & je rencontrai des bras nuds qui cherchoient dans l'obscurité. Je les saisis. Je les baisai. Je les baignai de larmes. C'étoient ceux de mon maître. *(Une petite pause.)*

Il étoit nud. Il étoit étendu sur la terre humide.... ,, Les malheureux qui sont ici, me ,, dit-il à voix basse, ont abusé de mon âge & ,, de ma foiblesse pour m'arracher le pain, & ,, pour m'ôter ma paille."

(Ici tous les Domestiques poussent un cri de douleur. Clairville ne peut plus contenir la sienne. Dorval fait signe à André de s'arrêter un moment. André s'arrête. Puis il continue en sanglotant.)

Ce-

Cependant je me dépouille de mes lambeaux,
& je les étends sous mon maître qui bénissoit
d'une voix expirante la bonté du Ciel....

DORVAL
(Bas, à part, & avec amertume.)
Qui le faisoit mourir dans le fond d'un cachot,
sur les haillons de son valet!

ANDRÉ
Je me souvins alors des aumônes que j'avois
reçues. J'appellai du secours, & je ranimai
mon vieux & respectable maître. Lorsqu'il eût
un peu repris de ses forces, ,, André, me dit-
,, il, aye bon courage. Tu sortiras d'ici. Pour
,, moi, je sens à ma foiblesse qu'il faut que j'y
,, meure." Alors je sentis ses bras se passer autour de mon cou, son visage s'approcher du
mien, & ses pleurs couler sur mes joues. ,, Mon
,, ami, (me dit-il, & ce fut ainsi qu'il m'appella souvent), ,, tu vas recevoir mes derniers
,, soupirs. Tu porteras mes dernieres paroles
,, à mes enfans. Hélas, c'étoit de moi qu'ils
,, devoient les entendre!"

CLAIRVILLE
(Regardant Dorval, & pleurant.) Ses enfans!

ANDRÉ
Il m'avoit dit pendant la traversée qu'il étoit
né françois, qu'il ne s'appelloit point Mérian,
qu'en s'éloignant de sa patrie, il avoit quitté
son nom de famille pour des raisons que je saurois un jour. Hélas, il ne croyoit pas ce jour
si prochain! Il soupiroit, & j'en allois apprendre davantage, lorsque nous entendîmes notre
cachot s'ouvrir. On nous appella; c'étoit cet
ancien correspondant qui nous avoit réunis, &
qui venoit nous délivrer. Quelle fut sa douleur! lorsqu'il jetta ses regards sur un vieillard
qui ne lui paroissoit plus qu'un cadavre palpitant.

tant. Des larmes tomberent de fes yeux. Il fe dépouilla. Il le couvrit de fes vêtemens, & nous allâmes nous établir chez cet hôte, & y recevoir toutes les marques poffibles d'humanité. On eût dit que cette honnête famille rougiffoit en fecret de la cruauté & de l'injuftice de la nation.

DORVAL.

Rien n'humilie donc autant que l'injuftice!

ANDRE.

(S'effuyant les yeux, & reprenant un air tranquille.)

Bien-tôt mon maître reprit de la fanté & des forces. On lui offrit des fecours, & je préfume qu'il en accepta; car au fortir de la prifon, nous n'avions pas dequoi avoir un morceau de pain.

Tout s'arrangea pour notre retour, & nous étions prêts à partir, lorfque mon maître, me tirant à l'écart, (non, je ne l'oublierai de ma vie!) me dit: "André, n'as-tu plus rien à "faire ici?" Non, Monfieur, lui répondis-je.... "Et nos compatriotes que nous avons "laiffés dans la mifere d'où la bonté du Ciel "nous a tirés, tu n'y penfes donc plus? Tiens, "mon enfant, va leur dire adieu." J'y courus. Hélas, de tant de miférables il n'en reftoit qu'un petit nombre, fi exténués, fi proches de leur fin, que la plûpart n'avoient pas la force de tendre la main pour recevoir.

Voilà, Monfieur, tout le détail de notre malheureux voyage.

(On garde ici un affez long filence, après lequel André dit ce qui fuit. Cependant Dorval rêveur fe promene vers le fond du falon.)

J'ai laiffé mon maître à Paris pour y prendre un peu de repos. Il s'étoit fait une grande joie

d'y

d'y retrouver un ami. *(Ici Dorval se retourne du côté d'André, & lui donne attention.)*
Mais cet ami est absent depuis plusieurs mois; & mon maître comptoit me suivre de près.
(Dorval continue de se promener en rêvant.)

CLAIRVILLE.

Avez-vous vû Rosalie?

ANDRÉ.

Non, Monsieur. Je ne lui apporte que de la douleur, & je n'ai pas osé paroître devant elle.

CLAIRVILLE.

André, allez vous reposer. Sylvestre, je vous le recommande.... Qu'il ne lui manque rien.
(Tous les domestiques s'emparent d'André, & l'emmenent.)

SCENE VIII.

DORVAL, CLAIRVILLE.

(Après un silence pendant lequel Dorval est resté immobile, la tête baissée, l'air pensif, & les bras croisés, (c'est assez son attitude ordinaire) & Clairville s'est promené avec agitation, Clairville dit).

CLAIRVILLE.

EH bien, mon ami, ce jour n'est-il pas fatal pour la probité? & croyez-vous qu'à l'heure que je vous parle il y ait un seul honnête homme heureux sur la terre?

DORVAL.

Vous voulez dire un seul méchant. Mais, Clairville, laissons la morale. On en raisonne mal

(44)

mal, quand on croit avoir à se plaindre du Ciel.
Quels sont maintenant vos desseins?

CLAIRVILLE.

Vous voyez toute l'étendue de mon malheur.
J'ai perdu le cœur de Rosalie. Hélas, c'est le
seul bien que je regrette!

Je n'ose soupçonner que la médiocrité de ma
fortune soit la raison secrete de son inconstan-
ce. Mais si cela est, à quelle distance n'est-
elle pas de moi à-présent qu'elle est réduite elle-même à une fortune assez bornée? S'expo-
sera-t-elle pour un homme qu'elle n'aime plus
à toutes les suites d'un état presqu'indigent?
Moi-même, irai-je l'en solliciter? Le puis-je?
Le dois-je? Son pere va devenir pour elle un
surcroît onéreux. Il est incertain qu'il veuille
m'accorder sa fille. Il est presqu'évident qu'en
l'acceptant, j'acheverois de la ruiner. Voyez
& décidez.

DORVAL.

Cet André a jetté le trouble dans mon ame!
Si vous saviez les idées qui me sont venues pendant son récit.... Ce vieillard... Ses discours... Son caractere... Ce changement de
nom... Mais laissez-moi dissiper un soupçon
qui m'obsede, & penser à votre affaire.

CLAIRVILLE.

Songez, Dorval, que le sort de Clairville est
entre vos mains.

SCENE IX.

DORVAL seul.

QUel jour d'amertume & de trouble! Quelle
variété de tourmens! Il semble que d'épais-
ses ténébres se forment autour de moi, & couvrent

vrent ce cœur accablé fous mille fentimens douloureux!.... O Ciel, ne m'accorderas-tu pas
un moment de repos?... Le menfonge, la dif-
fimulation, me font en horreur; & dans un inftant j'en impofe à mon ami, à fa fœur, à Rofalie... Que doit-elle penfer de moi?.... Que
déciderai-je de fon amant?... Quel parti prendre avec Conftance?... Dorval, cefferas-tu,
continueras-tu d'être homme de bien?.... Un
évenement imprévû a ruiné Rofalie. Elle eft
indigente. Je fuis riche. Je l'aime. J'en fuis aimé. Clairville ne peut l'obtenir... Sortez de
mon efprit, éloignez-vous de mon cœur, illufions honteufes! Je peux être le plus malheureux des hommes; mais je ne me rendrai pas le
plus vil... Vertu douce & cruelle idée! Chers
& barbares devoirs! Amitié qui m'enchaîne &
qui me déchire, vous ferez obéie. O vertu,
qu'es-tu, fi tu n'exiges aucun facrifice? Amitié,
tu n'es qu'un vain nom, fi tu n'impofes aucune
loi.... Clairville époufera donc Rofalie!....
    (Il tombe prefque fans fentiment dans un fau-
teuil; il fe releve enfuite, & il dit).... Non,
je n'enleverai point à mon ami fa maîtreffe. Je
ne me dégraderai point jufque-là. Mon cœur
m'en répond. Malheur à celui qui n'écoute
point la voix de fon cœur!... Mais Clairville
n'a point de fortune. Rofalie n'en a plus... Il
faut écarter ces obftacles. Je le puis. Je le veux.
Y a-t-il quelque peine dont un acte généreux
ne confole? Ah, je commence à refpirer!....
    Si je n'époufe point Rofalie, qu'ai-je befoin
de fortune? Quel plus digne ufage que d'en
difpofer en faveur de deux êtres qui me font
chers? Hélas, à bien juger, ce facrifice fi peu
commun n'eft rien... Clairville me devra fon
bonheur! Rofalie me devra fon bonheur! Le
pere de Rofalie me devra fon bonheur!....
                                        Et

Et Constance?... Elle entendra de moi la vérité. Elle me connoîtra. Elle tremblera pour la
femme qui oseroit s'attacher à ma destinée.
En rendant le calme à tout ce qui m'environne, je trouverai sans doute un repos qui me
fuit?... (il soupire.)... Dorval, pourquoi souf-
fres-tu donc? Pourquoi suis-je déchiré? O vertu, n'ai-je point encore assez fait pour toi!
    Mais Rosalie ne voudra point accepter de
moi sa fortune. Elle connoît trop le prix de
cette grace pour l'accorder à un homme qu'elle doit haïr, mépriser!... Il faudra donc la
tromper!... Et si je m'y résous, comment y
réussir?... Prévenir l'arrivée de son pere?
Faire répandre par les papiers publics que le
vaisseau qui portoit sa fortune étoit assuré?
Lui envoyer par un inconnu la valeur de ce
qu'elle a perdu?... Pourquoi non? un
moyen est naturel. Il me plaît. Il ne faut qu'un
peu de célérité. (Il appelle Charles). Charles se
se met à une table, & il écrit).

SCENE X.

DORVAL, CHARLES.

DORVAL.
(Il lui donne un billet, & dit).

A Paris, chez mon banquier.

Fin du troisieme Acte.

AC-

ACTE IV.

SCENE I.

ROSALIE, JUSTINE.

JUSTINE.

EH bien, Mademoiselle. Vous avez voulu
voir André. Vous l'avez vû. Monsieur
votre pere arrive; mais vous voilà sans fortune.

ROSALIE (un mouchoir à la main).

Que puis-je contre le sort? Mon pere survit.
Si la perte de sa fortune n'a pas altéré sa santé,
le reste n'est rien.

JUSTINE.

Comment le reste n'est rien?

ROSALIE.

Non, Justine. Je connoîtrai l'indigence. Il
y a de plus grands maux.

JUSTINE.

Ne vous y trompez pas, Mademoiselle. Il
n'y en a point qui lasse plus vîte.

ROSALIE.

Avec des richesses, serois-je moins à plaindre? .... C'est dans une ame innocente & tranquille que le bonheur habite; & cette ame,
Justine, je l'avois!

JUSTINE.

Et Clairville y regnoit.

ROSALIE (assise en pleurant).

Amant qui m'étois alors si cher! Clairville
que j'estime & que je desespere! O toi à qui un
bien moins digne a ravi toute ma tendresse, te
voi-

voilà bien vengé! Je pleure, & l'on se rit de mes larmes.

Justine, que penses-tu de ce Doryal?... Le voilà donc cet ami si tendre, cet homme si vrai, ce mortel si vertueux! Il n'est, comme les autres, qu'un méchant qui se joue de ce qu'il y a de plus sacré, l'amour, l'amitié, la vertu, la vérité!... Que je plains Constance! Il m'a trompée. Il peut bien la tromper aussi. (*En se levant*). Mais j'entends quelqu'un. Justine, si c'étoit lui?...

JUSTINE.
Mademoiselle, ce n'est personne.

ROSALIE.
(*Elle se rassied, & dit*):
Qu'ils sont méchans ces hommes! & que nous sommes simples!... Vois, Justine, comme dans leur cœur la vérité est à côté du parjure; comme l'élévation y touche à la bassesse!... Ce Doryal qui expose sa vie pour son ami, c'est le même qui le trompe, qui trompe sa sœur, qui se prend pour moi de tendresse. Mais pourquoi lui reprocher de la tendresse? C'est mon crime. Le sien est une fausseté qui n'eut jamais d'exemple.

***

SCENE II.
ROSALIE, CONSTANCE.

ROSALIE (*allant au-devant de Constance*).

AH, Madame, en quel état vous me surprenez!

CONSTANCE.
Je viens partager votre peine.

Ro.

ROSALIE.

Puiſſiez-vous toûjours être heureuſe!

CONSTANCE

(s'aſſied, fait aſſeoir Roſalie à côté d'elle,
& lui prend les deux mains).

Roſalie, je ne demande que la liberté de m'affliger avec vous. J'ai long-tems éprouvé l'in-
certitude des choſes de la vie, & vous ſavez ſi
je vous aime.

ROSALIE.

Tout a changé. Tout s'eſt détruit en un moment.

CONSTANCE.

Conſtance vous reſte.... & Clairville.

ROSALIE.

Je ne peux m'éloigner trop tôt d'un ſéjour
où ma douleur eſt importune.

CONSTANCE.

Mon enfant, prenez garde. Le malheur vous
rend injuſte & cruelle. Mais ce n'eſt point à
vous que j'en dois faire le reproche. Dans le ſein
du bonheur, j'oubliai de vous préparer aux re-
vers. Heureuſe, j'ai perdu de vûe les malheureux. J'en ſuis bien punie; c'eſt vous qui m'en
rapprochez ... Mais votre pere?...

ROSALIE.

Je lui ai déjà coûté bien des larmes!... Madame, vous ſerez mere un jour..... Que je
vous plains!...

CONSTANCE.

Roſalie, rappellez-vous la volonté de votre
tante. Ses dernieres paroles me confioient votre
bonheur.... Mais ne parlons point de mes
droits; c'eſt une marque d'eſtime que j'attends;
jugez combien un refus pourroit m'offenſer?...
Roſalie, ne détachez point votre ſort du mien?
Vous connoiſſez Dorval. Il vous aime. Je lui
demanderai Roſalie. Je l'obtiendrai; & ce gage

C   ſera

sera pour moi le premier & le plus doux de sa
tendresse.

ROSALIE

(Dégage avec vivacité ses mains de celles de Con-
stance, se leve avec une sorte d'indignation,
& dit :)
Dorval!

CONSTANCE.

Vous avez toute son estime.

ROSALIE.

Un étranger!... un inconnu!... un homme
qui n'a paru qu'un moment parmi nous!...
dont on n'a jamais nommé les parens!... dont
la vertu peut-être feinte... Madame, pardonnez.... J'oubliois..... Vous le connoiffez bien
fans doute?...

CONSTANCE.

Il faut vous pardonner. Vous êtes dans la nuit.
Mais fouffrez que je vous faffe luire un rayon
d'efpérance.

ROSALIE.

J'ai efpéré. J'ai été trompée. Je n'efpérerai
plus.

CONSTANCE
(Sourit triftement.)

ROSALIE.

Hélas, fi Conftance eût été feule, retiré
comme autrefois; peut-être ... encore, n'eft-
ce qu'une idée vaine qui nous auroit trompées
toutes deux. Notre amie devient malheureufe.
On craint de fe manquer à foi-même. Un premier mouvement de générofité nous emporte.
Mais le tems! le tems!.... Madame, les malheureux font fiers, importuns, ombrageux. On
s'accoûtume peu-à-peu au fpectacle de leur douleur. Bientôt on s'en laffe. Epargnons-nous des
torts réciproques. J'ai tout perdu; fauvons du
moins notre amitié du naufrage.... Il me femble

ble que je dois déjà quelque chose à l'infortune.... Toûjours soûtenue de vos conseils, Rosalie n'a rien fait encore dont elle puisse s'hono-
rer à ses propres yeux. Il est tems qu'elle ap-
prenne ce dont elle sera capable, instruite par
Constance & par les malheurs. Lui envièriez-
vous le seul bien qui lui reste, celui de se connoître elle-même?

CONSTANCE.

Rosalie, vous êtes dans l'enthousiasme; mé-
fiez-vous de cet état. Le premier effet du malheur est de roidir une ame, le dernier est de la
briser.... Vous qui craignez tout du tems pour
vous & pour moi, n'en craignez-vous rien pour
vous seule?.... Songez, Rosalie, que l'infortune vous rend sacrée. S'il m'arrivoit jamais de
manquer de respect au malheur; rappellez-
moi, dites-moi, faites-moi rougir pour la premiere fois... Mon enfant, j'ai vécu. J'ai souffert. Je crois avoir acquis le droit de présumer
quelque chose de moi ; cependant je ne vous
demande que de compter autant sur mon amitié que sur votre courage... Si vous vous promettez tout de vous-même, & que vous n'at-
tendiez rien de Constance, ne serez-vous pas
injuste?... Mais les idées de bienfait & de reconnoissance vous effrayeroient-elles? Rendez
votre tendresse à mon frere, & c'est moi qui
vous devrai tout.

ROSALIE.

Madame, voilà Dorval... Permettez que je
m'éloigne... J'ajoûterois si peu de chose à son
triomphe. (*Dorval entre.*)

CONSTANCE.

Rosalie.... Dorval, retenez cet enfant....
Mais elle nous échappe.

C 2 *SCE.*

SCENE III.

CONSTANCE, DORVAL.

DORVAL.

MAdame, laiſſons lui le triſte plaiſir de s'affliger ſans témoins.

CONSTANCE.

C'eſt à vous à changer ſon ſort. Dorval, le
jour de mon bonheur peut devenir le commencement de ſon repos.

DORVAL.

Madame, ſouffrez que je vous parle libre-
ment ; qu'en vous confiant ſes plus ſecretes pen-
ſées, Dorval s'efforce d'être digne de ce que
vous faiſiez pour lui, & du-moins qu'il ſoit
plaint & regretté.

CONSTANCE.

Quoi, Dorval! Mais
parlez.

DORVAL.

Je vais parler. Je vous le dois. Je le dois à
votre frere. Je me le dois à moi-même....
Vous voulez le bonheur de Dorval ; mais con-
noiſſez-vous bien Dorval? .... De foibles ſer-
vices dont un jeune homme bien né s'eſt exa-
géré le mérite. Ses tranſports à l'apparence de quelques vertus. Sa ſenſibilité pour quelques-uns de
mes malheurs ; tout a préparé & établi en vous
des préjugés que la vérité m'ordonne de détruire.
L'eſprit de Clairville eſt jeune ; Conſtance doit
porter de moi d'autres jugemens. (Une pauſe)

J'ai reçu du Ciel un cœur droit ; c'eſt le ſeul
avantage qu'il ait voulu m'accorder.... Mais ce
cœur eſt flétri, & je ſuis, comme vous voyez... ſombre & mélancolique. J'ai .... de la
vertu, mais elle eſt auſtere ; des mœurs, mais
ſau-

sauvages . . . . une ame tendre, mais aigrie par
de longues difgraces. Je peux encore verfer
des larmes, mais elles font rares & cruelles . . . .
Non, un homme de ce caractere n'eft point
l'époux qui convient à Conftance.

CONSTANCE.

Dorval, raffûrez-vous. Lorfque mon cœur
céda aux impreffions de vos vertus, je vous vis
tel que vous vous peignez. Je reconnus le malheur & fes effets terribles. Je vous plaignis, &
ma tendreffe commença peut-être par ce fentiment.

DORVAL.

Le malheur a ceffé pour vous; il s'eft appe-
fanti fur moi . . . Combien je fuis malheureux,
& qu'il y a de tems! Abandonné prefqu'en naif-
fant entre le defert & la fociété; quand j'ouvris
les yeux, afin de reconnoître les liens qui pouvoient m'attacher aux hommes, à peine en re-
trouvai-je des débris Il y avoit trente ans, Madame, que j'errois parmi eux, ifolé, inconnu,
négligé, fans avoir éprouvé la tendreffe de perfonne, ni rencontré perfonne qui recherchât la
mienne, lorfque votre frere vint à moi. Mon a ne
attendoit la fienne. Ce fut dans fon fein que je
verfai un torrent de fentimens qui cherchoient
depuis fi long tems à s'épancher; & je n'ima-
ginai pas qu'il pût y avoir dans ma vie un moment plus doux que celui où je me délivrai du
long ennui d'exifter feul . . . Que j'ai payé cher
cet inftant de bonheur ! . . . Si vous faviez . . . .

CONSTANCE.

Vous avez été malheureux; mais tout a fon
terme; & j'ofe croire que vous touchez au moment d'une révolution durable & fortunée.

DORVAL.

Nous nous fommes affez éprouvé le fort &
moi. Il ne s'agit plus de bonheur . . . Je hais le

C 3 com-

commerce des hommes, & je fens que c'eſt loin de ceux-mêmes qui me font chers que le repos m'attend... Madame puiſſe le Ciel vous accorder ſa faveur qu'il me refuſe, & rendre Conſtance la plus heureuſe des femmes!.. (*un peu attendri*) Je l'apprendrai peut-être dans ma retraite, & j'en reſſentirai de la joie.

CONSTANCE.

Dorval, vous vous trompez. Pour être tranquille, il faut avoir l'approbation de ſon cœur, & peut-être celle des hommes. Vous n'obtiendrez point celle-ci, & vous n'emporterez point la premiere, ſi vous quittez le poſte qui vous eſt marqué. Vous avez reçu les talens les plus rares, & vous en devez compte à la ſociété. Que cette foule d'êtres inutiles qui s'y meuvent ſans objet, & qui l'embarraſſent ſans la ſervir, s'en éloignent, s'ils veulent. Mais vous, j'oſe vous le dire, vous ne le pouvez ſans crime. C'eſt à une femme qui vous aime à vous arrêter parmi les hommes. C'eſt à Conſtance à conſerver à la vertu opprimée un appui, au vice arrogant un fléau; un frere à tous les gens de bien; à tant de malheureux un pere qu'ils attendent; au genre humain ſon ami; à mille projets honnêtes, utiles & grands, cet eſprit libre de préjugés, & cette ame forte qu'ils exigent, & que vous avez... Vous renoncer à la ſociété! J'en appelle à votre cœur, interrogez-le, & il vous dira que l'homme de bien eſt dans la ſociété, & qu'il n'y a que le méchant qui ſoit ſeul.

DORVAL.

Mais le malheur me ſuit, & ſe répand ſur tout ce qui m'approche. Le Ciel qui veut que je vive dans les ennuis, veut-il auſſi que j'y plonge les autres? On étoit heureux ici, quand j'y vins.

CON-

CONSTANCE.

Le Ciel s'obscurcit, quelquefois, & si nous sommes sous le nuage, un instant l'a formé ce nuage, un instant le dissipera. Mais quoi qu'il en arrive, l'homme sage reste à sa place, & y attend la fin de ses peines.

DORVAL.

Mais ne craindra-t-il pas de l'éloigner en multipliant les objets de son attachement ?... Constance, je ne suis point étranger à cette pente si générale & si douce qui entraîne tous les êtres, & qui les porte à éterniser leur espèce. J'ai senti dans mon cœur que l'univers ne seroit jamais pour moi qu'une vaste solitude, sans une compagne qui partageât mon bonheur & ma peine... Dans mes accès de mélancolie, je l'appellois, cette compagne.

CONSTANCE.

Et le Ciel vous l'envoie.

DORVAL.

Trop tard pour mon malheur! Il a effarouché une ame simple qui auroit été heureuse de les moindres faveurs. Il l'a remplie de craintes, de terreurs, d'une horreur secrete... Dorval oseroit se charger du bonheur d'une femme!... Il seroit pere!... Il auroit des enfans!... Des enfans!... Quand je pense que nous sommes jettés, tout en naissant, dans un cahos de préjugés, d'extravagances, de vices, & de misere, l'idée m'en fait frémir.

CONSTANCE.

Vous êtes obsédé de fantômes, & je n'en suis pas étonnée. L'histoire de la vie est si peu connue, celle de la mort est si obscure, & l'apparence du mal dans l'univers est si claire... Dorval, vos enfans ne sont point destinés à tomber dans le cahos que vous redoutez. Ils passeront sous vos yeux les premieres années de

C 4   leur

leur vie, & c'en est assez pour vous répondre
de celles qui suivront. Ils apprendront de vous
à penser comme vous. Vos passions, vos goûts,
vos idées passeront en eux. Il tiendront de
vous ces notions si justes que vous avez de la
grandeur & de la bassesse réelles, du bonheur
véritable & de la misère apparente. Il ne dépen-
dra que de vous qu'ils ayent une conscience toute semblable à la vôtre. Ils vous verront agir.
Ils m'entendront parler quelquefois. (*En jou-
riant avec dignité, elle ajoute*) ... Dorval: vos
filles seront honnêtes & décentes. Vos fils feront nobles & fiers. Tous vos enfans seront
charmans.　　D O R V A L.
(*Prend la main de Constance, la presse entre les
deux siennes, lui sourit d'un air touché, & lui
dit*)....
Si par malheur Constance se trompoit....
Si j'avois des enfans, comme j'en vois tant d'autres, malheureux & méchans. J'en mourrois
de douleur.
　　　C O N S T A N C E (*d'un ton pathétique
　　　　　& d'un air pénétré.*)
Mais auriez vous cette crainte, si vous pen-
siez que l'effet de la vertu sur notre ame n'est
ni moins nécessaire, ni moins puissant que celui de la beauté sur nos sens. Qu'il est dans le
cœur de l'homme un goût de l'ordre, plus ancien qu'aucun sentiment réfléchi. Que c'est
ce goût qui nous rend sensibles à la honte, la
honte qui nous fait redouter le mépris au-delà
même du trépas. Que l'imitation nous est naturelle, & qu'il n'y a point d'exemple qui captive plus fortement que celui de la vertu, pas
même l'exemple du vice.... Ah, Dorval, combien de moyens de rendre les hommes bons!
　　　　D O R V A L.
Oui, si nous savions en faire usage. ... Mais
je

je veux qu'avec des soins affidus, fecondés d'heureux naturels, vous puiffiez les garantir du vice, en feront-ils beaucoup moins à plaindre ?
Comment écarterez-vous d'eux la terreur & les
préjugés qui les attendent à l'entrée dans ce monde, & qui les fuivront jufqu'au tombeau ? La
folie & la mifere de l'homme m'épouvantent.
Combien d'opinions monftrueufes dont il eft
tour-à-tour l'auteur & la victime ? Ah, Conftance, qui ne trembleroit d'augmenter le nombre de ces malheureux qu'on a comparés à des
forçats qu'on voit dans un cachot funefte,

Pouvant fe fecourir, l'un fur l'autre achar-
nés,
Combattre avec les fers dont ils font enchaînés ?

CONSTANCE.

Je connois les maux que le fanatifme a cau-
fés & ceux qu'il en faut craindre.. Mais s'il
paroiffoit aujourd'hui ... parmi nous .. un
monftre, tel qu'il en a produit dans les tems de
ténébres, où fa fureur & fes illufions arrofoient
de fang cette terre.... qu'on vît ce monftre s'a-
vancer au plus grand des crimes, en invoquant
le fecours du Ciel,.., & tenant la loi de fon
Dieu d'une main, & de l'autre un poignard,
préparer aux peuples de longs regrets...croyez,
Dorval, qu'on en auroit autant d'étonnement
que d'horreur... Il y a fans doute encore des
barbares; & quand n'y en aura-t il plus ? Mais
les tems de barbarie font paffés. Le fiecle s'eft
éclairé. La raifon s'eft épurée. Ses préceptes
rempliffent les ouvrages de la nation. Ceux où
l'on infpire aux hommes la bienveillance générale, font prefque les feuls qui foient lus Voilà
les leçons dont nos théatres retentiffent, & dont
C 5
ils

ils ne peuvent retentir trop souvent. Et le Philosophe dont vous m'avez rappellé les vers, doit principalement ses succès aux sentimens d'humanité qu'il a répandus dans ses Poëmes, & au pouvoir qu'ils ont sur nos ames. Non, Dorval, un peuple qui vient s'attendrir tous les jours sur la vertu malheureuse, ne peut être ni méchant, ni farouche. C'est vous-même ; ce sont les hommes qui vous ressemblent, que la Nation honore, & que le Gouvernement doit protéger plus que jamais, qui affranchiront vos enfans de cette chaîne terrible dont votre mélancolie vous montre leurs mains innocentes chargées.

Et quel sera mon devoir & le vôtre ! si-non de les accoûtumer à n'admirer, même dans l'Auteur de toutes choses, que les qualités qu'ils chériront en nous ! Nous leur représenterons sans cesse que les lois de l'humanité sont immuables, que rien n'en peut dispenser, & nous verrons germer dans leurs ames ce sentiment de bienfaisance universelle qui embrasse toute la nature.... Vous m'avez dit cent fois qu'une ame tendre n'envisageoit point le système général des êtres sensibles, sans en desirer fortement le bonheur, sans y participer ; & je ne crains pas qu'une ame cruelle soit jamais formée dans mon sein & de votre sang.

DORVAL.

Constance, une famille demande une grande fortune, & je ne vous cacherai pas que la mienne vient d'être réduite à la moitié.

CONSTANCE.

Les besoins réels ont une limite ; ceux de la fantaisie sont sans bornes. Quelque fortune que vous accumuliez, Dorval ; si la vertu manque à vos enfans, ils seront toûjours pauvres.

DOR-

DORVAL.

La vertu? on en parle beaucoup.

CONSTANCE.

C'est la chose dans l'univers la mieux connue
& la plus révérée. Mais, Dorval, on s'y attache plus encore par les sacrifices qu'on lui fait,
que par les charmes qu'on lui croit! & malheur
à celui qui ne lui a pas assez sacrifié pour la
préférer à tout, ne vivre, ne respirer que pour
elle, s'enivrer de sa douce vapeur, & trouver
la fin de ses jours dans cette ivresse.

DORVAL.

Quelle femme! *(Il est étonné. Il garde le silence un moment. Il dit ensuite):*

Femme adorable & cruelle, à quoi me ré-
duisez-vous? Vous m'arrachez le mystère de ma
naissance. Sachez donc qu'à peine ai-je connu
ma mere. Une jeune infortunée, trop tendre,
trop sensible, me donna la vie, & mourut peu
de tems après. Ses parens irrités & puissans,
avoient forcé mon pere de passer aux Isles. Il y
apprit la mort de ma mere, au moment ou il
pouvoit se flater de devenir son époux. Privé
de cet espoir, il s'y fixa; mais il n'oublia point
l'enfant qu'il avoit eu d'une femme chérie. Constance, je suis cet enfant . . . Mon pere a fait
plusieurs voyages en France. Je l'ai vû. J'espé-
rois le revoir encore, mais je ne l'espere plus.
Vous voyez, ma naissance est abjecte aux yeux
des hommes, & ma fortune a disparu.

CONSTANCE.

La naissance nous est donnée; mais nos vertus sont à nous. Pour ces richesses toûjours em-
barrassantes & souvent dangereuses, le Ciel, en
les répandant indifféremment sur la surface de
la terre, & les faisant tomber sans distinction
sur le bon & sur le méchant, dicte lui-même le
jugement qu'on en doit porter. Naissance, di-

C 6

gni-

gnités, fortune, grandeurs, le méchant peut tout avoir, excepté la faveur du Ciel.

Voilà ce qu'un peu de raison m'avoit appris, long-tems avant qu'on m'eût confié vos secrets; & il ne me restoit à savoir que le jour de mon bonheur & de ma gloire.

DORVAL.

Rosalie est malheureuse. Clairville est au desespoir.

CONCTANCE.

Je rougis du reproche. Dorval, voyez mon frere, Je reverrai Rosalie. Sans doute, c'est à nous à rapprocher ces deux êtres si dignes d'être unis. Si nous y réussissons, j'ose esperer qu'il ne manquera plus rien à nos vœux.

SCENE IV.

DORVAL seul.

VOilà la femme par qui Rosalie a été elevée. Voilà les principes qu'elle a reçus!

SCE-

SCENE V.

DORVAL, CLAIRVILLE.

CLAIRVILLE.

DOrval, que deviens-je? Qu'avez-vous réso-lu de moi?

DORVAL.

Que vous vous attachiez plus fortement que jamais à Rosalie.

CLAIRVILLE.

Vous me le conseillez?

DORVAL.

Je vous le conseille.

CLAIRVILLE (en lui sautant au col.)

Ah, mon ami, vous me rendez la vie. Je vous la dois deux fois en un jour. Je venois en tremblant apprendre mon sort. Combien j'ai souffert depuis que je vous ai quitté! Jamais je n'ai si-bien connu que j'étois destiné à l'aimer, toute injuste qu'elle est. Dans un in-stant de desespoir, on forme un projet violent; mais l'instant passé, le projet se dissipe, & la passion reste.

DORVAL (en souriant.)

Je savois tout cela. Mais votre peu de for-tune? la médiocrité de la sienne?

CLAIRVILLE.

L'état le plus misérable à mes yeux est de vivre sans Rosalie. J'y ai pensé, & mon parti est pris. S'il est permis de supporter impa-tiemment l'indigence, c'est aux amans, aux pe-res de famille, à tous les hommes bienfaisans; & il est toujours des voies pour en sortir.

DORVAL.

Que ferez-vous?

C 7   CLAIR-

CLAIRVILLE.

Je commercerai.

DORVAL.

Avec le nom que vous portez, auriez-vous ce courage?

CLAIRVILLE.

Qu'appellez-vous courage? Je n'en trouve point à cela. Avec une ame fiere, un caractere inflexible, il est trop incertain que j'obtienne de la faveur, la fortune dont j'ai besoin. Celle qu'on fait par l'intrigue est prompte, mais vile; par les armes, glorieuse, mais lente; par les talens, toujours difficile & mediocre. Il est d'autres états qui menent rapidement à la richesse; mais le Commerce est presque le seul où les grandes fortunes soient proportionnées au travail, à l'industrie, & aux dangers qui les rendent honnêtes. Je commercerai, vous dis-je, il ne me manque que des lumieres & des expediens, & j'espere les trouver en vous.

DORVAL.

Vous pensez juste. Je vois que l'amour est sans préjugé. Mais ne songez qu'à fléchir Rosalie, & vous n'aurez point à changer d'état. Si le vaisseau qui portoit sa fortune est tombé entre les mains des ennemis, il étoit assuré, & la perte n'est rien. La nouvelle en est dans les papiers publics, & je vous conseille de l'annoncer à Rosalie.

CLAIRVILLE.

J'y cours.

SCENE VI.

DORVAL, CHARLES *encore botté.*

DORVAL. (*Il se promene.*)

IL ne la fléchira point..... Non..... Mais pourquoi, si je veux?.... Un exemple d'honnêteté, de courage... un dernier effort sur moi-même... sur elle...

CHARLES

(*Entre & reste debout sans mot dire, jusqu'à ce que son maître l'apperçoive. Alors il dit:*)

Monsieur, j'ai fait remettre à Rosalie.

DORVAL.

J'entends.

CHARLES.

En voilà la preuve. (*Il donne à son maître le reçu de Rosalie.*)

DORVAL.

Il suffit. (*Charles sort. Dorval se promene encore, & après une courte pause, il dit:*)

SCENE VII.

DORVAL *seul.*

J'Aurai donc tout sacrifié. La fortune! (*Il répete avec dédain:*) la fortune! ma passion! la liberté....... Mais le sacrifice de ma liberté est-il bien résolu!.... O raison! qui peut te résister quand tu prends l'accent enchanteur & la voix de la femme?... Homme petit & borné, assez simple pour imaginer que tes erreurs & ton infortune sont de quelqu'importance dans
l'uni-

l'univers; qu'un concours de hasards infinis pré-
paroit de tout tems ton malheur; que ton attachement à un être, mene la chaîne de sa destinée: viens entendre Constance; & reconnois
là vanité de tes pensées. . . . . Ah, si je pouvois trouver en moi la force de sens & la su-
périorité de lumieres avec laquelle cette femme
s'emparoit de mon ame & la dominoit, je ver-
rois Rosalie, elle m'entendroit, & Clairville seroit heureux . . . . . Mais pourquoi n'obtiendrois-
je pas sur cette ame tendre & flexible, le même ascendant que Constance a su prendre sur
moi? Depuis quand la vertu a-t-elle perdu son
empire? . . . Voyons-la, parlons-lui, & espé-
rons tout de la vérité de son caractere, & du
sentiment qui m'anime. C'est moi qui ai éga-
ré ses pas innocens; c'est moi qui l'ai plongée
dans la douleur & dans l'abattement; c'est à
moi à lui tendre la main, & à la ramener dans
la voie du bonheur.

Fin du quatrieme Acte.

A C-

ACTE V.

SCENE PREMIERE.

ROSALIE, JUSTINE.

(Rosalie sombre, se promène ou reste immobile, sans attention pour ce que Justine lui dit.)

JUSTINE.

VOTRE pere échappe à mille dangers! Votre fortune est réparée! Vous devenez maîtresse de votre sort! Et rien ne vous touche. En vérité, Mademoiselle, vous ne méritez guere le bien qui vous arrive.

ROSALIE.

.... Un lien éternel va les unir!.... Justine, André est-il instruit? Est-il parti? Revient-il?

JUSTINE.

Mademoiselle, qu'allez-vous faire?

ROSALIE.

Ma volonté... Non, mon pere n'entrera point dans cette maison fatale!... Je ne serai point le témoin de leur joie... J'échapperai du moins à des amitiés qui me tuent.

SCENE II.

ROSALIE, JUSTINE, CLAIRVILLE.

CLAIRVILLE.

(Il arrive précipitamment ; & tout en approchant de Rosalie, il se jette à ses genoux, & lui dit :)

EH bien, cruelle, ôtez-moi donc la vie ! Je sais tout. André m'a tout dit. Vous éloignez d'ici votre père. Et de qui l'éloignez vous ? D'un homme qui vous adore, qui quittoit sans regret son pays, sa famille, ses amis, pour traverser les mers, pour aller se jetter aux genoux de vos inflexibles parens, y mourir ou vous obtenir . . . . . Alors Rosalie, tendre, sensible, fidelle, partageoit mes ennuis ; aujourd'hui, c'est elle qui les cause.

ROSALIE.

(Emue & un peu déconcertée.) Cet André est un imprudent. Je ne voulois pas que vous sussiez mon projet.

CLAIRVILLE.

Vous vouliez me tromper.

ROSALIE.

(Vivement.) Je n'ai jamais trompé personne.

CLAIRVILLE.

Dites-moi donc pourquoi vous ne m'aimez plus ? M'ôter votre cœur, c'est me condamner à mourir. Vous voulez ma mort. Vous le voulez. Je le vois.

ROSALIE.

Non, Clairville. Je voudrois bien que vous fussiez heureux.

CLAIR-

CLAIRVILLE.

Et vous m'abandonnez!

ROSALIE.

Mais ne pourriez-vous être heureux sans moi?

CLAIRVILLE.

Vous me percez le cœur. (*Il est toujours aux génoux de Rosalie. En disant ces mots, il tombe la tête appuyée contr'elle, & garde un moment le silence*) .... Vous ne deviez jamais changer!... Vous le jurâtes! Insensé que j'étois, je vous crus.... Ah, Rosalie, cette foi donnée & reçue chaque jour avec de nouveaux transports, qu'est elle devenuë? Que sont devenus vos sermens? ... Mon cœur fait pour recevoir & garder éternellement l'impression de vos vertus & de vos charmes, n'a rien perdu de ses sentimens; il ne vous reste rien des vôtres... Qu'ai-je fait pour qu'ils se soient détruits?

ROSALIE.

Rien.

CLAIRVILLE.

Et pourquoi donc ne sont-ils plus, ni ces instans si doux où je lisois mes sentimens dans vos yeux? .... Où ces mains (*il en prend une*) daignoient essuyer mes larmes, ces larmes tantôt ameres, tantôt délicieuses, que la crainte & la tendresse faisoient couler tour-à-tour .... Rosalie, ne me desespérez pas! ... par pitié pour vous-même. Vous ne connoissez pas votre cœur. Non, vous ne le connoissez pas. Vous ne savez pas tout le chagrin que vous vous préparez.

ROSALIE.

J'en ai déja beaucoup souffert.

CLAIRVILLE.

Je laisserai au fond de votre ame une image terrible qui y entretiendra le trouble & la douleur. Votre injustice vous suivra.

Ro-

ROSALIE.

Clairville, ne m'effrayez pas. (*En le regardant fixement.*) Que voulez-vous de moi?

CLAIRVILLE.

Vous flechir ou mourir.

ROSALIE.

(*Apres une pause.*) Dorval est votre ami?

CLAIRVILLE.

Il sait ma peine. Il la partage.

ROSALIE.

Il vous trompe.

CLAIRVILLE.

Je périssois par vos rigueurs. Ses conseils m'ont conservé. Sans Dorval, je ne serois plus.

ROSALIE.

Il vous trompe, vous dis-je. C'est un méchant.

CLAIRVILLE.

Dorval, un méchant! Rosalie, y pensez-vous? Il est au monde deux êtres que je porte au fond de mon cœur; c'est Dorval & Rosalie. Les attaquer dans cet asile, c'est me causer une peine mortelle. Dorval un méchant! C'est Rosalie qui le dit! Elle!... Il ne lui restoit plus pour m'accabler que d'accuser mon ami! (*Dorval entre.*)

❦❦❦❦❦❦❦❦❦❦❦❦❦❦❦❦

SCENE III.

ROSALIE, JUSTINE, CLAIR-VILLE, DORVAL.

CLAIRVILLE.

VEnez, mon ami. Venez. Cette Rosalie, autrefois si sensible, maintenant si cruelle, vous accuse sans sujet, & me condamne à un

de

defespoir fans fin ; moi qui mourrois plûtôt que de lui caufer la peine la plus legere.

(Cela dit, il cache fes larmes; il s'éloigne, & il va fe mettre fur un canapé au fond du falon, dans l'attitude d'un homme defolé)

DORVAL.

(montrant Clairville à Rofalie, lui dit:)

Mademoifelle, confidérez votre ouvrage & le mien. Eft-ce là le fort qu'il devoit attendre de nous? Un defefpoir funefte fera donc le fruit amer de mon amitié & de votre tendreffe, & nous le laifferons périr ainfi!

(Clairville fe leve, & s'en va comme un homme qui erre. Rofalie le fuit des yeux, & Dorval, après avoir un peu rêvé, continue d'un ton bas, fans regarder Rofalie:)

S'il s'afflige, c'eft du-moins fans contrainte. Son ame honnête peut montrer toute fa douleur.... Et nous, honteux de nos fentimens, nous n'ofons les confier à perfonne, nous nous les cachons.... Dorval & Rofalie, contens d'échapper aux foupçons, font peut-être affez vils pour s'en applaudir en fecret.....*(ici il fe tourne fubitement vers Rofalie)*.... Ah, Mademoifelle, fommes nous faits pour tant d'humiliation? Voudrons-nous plus longtems d'une vie auffi abjecte? Pour moi, je ne pourrois me fouffrir parmi les hommes, s'il y avoit fur tout l'efpace qu'ils habitent un feul endroit où j'euffe mérité le mépris.

Echappé au danger, je viens à votre fecours. Il faut que je vous replace au rang où je vous ai trouvée, ou que je meure de regrets.

(Il s'arrête un peu, puis il dit:)

Rofalie, répondez-moi. La vertu a-t-elle pour vous quelque prix? L'aimez-vous encore?

Ro-

ROSALIE.
Elle m'est plus chere que la vie.

DORVAL.
Je vais donc vous parler du seul moyen de vous réconcilier avec vous, d'être digne de la société dans laquelle vous vivez, d'être appellée l'éleve & l'amie de Constance, & d'être l'objet du respect & de la tendresse de Clairville.

ROSALIE.
Parlez. Je vous écoute.

(Rosalie s'appuie sur le dos d'un fauteuil, la tête panchée sur une main, & Dorval continue.)

Songez, Mademoiselle, qu'une seule idée fâcheuse qui nous suit, suffit pour anéantir le bonheur; & que la conscince d'une mauvaise action est la plus fâcheuse de toutes les idées. *(Vivement & rapidement.)* Quand nous avons commis le mal, il ne nous quitte plus; il s'établit au fond de notre ame avec la honte & le remords; nous le portons avec nous & il nous tourmente.

Si vous suivez un penchant injuste, il y a des regards qu'il faut éviter pour jamais; & ces regards sont ceux des deux personnes que nous révérons le plus sur la terre. Il faut s'éloigner fuir devant eux, & marcher dans le monde tête baissée. *(Rosalie soupire.)*

Et loin de Clairville & de Constance, où irions-nous? que deviendrions-nous? quelle seroit notre société? (...) Etre méchant, c'est se condamner à vivre, à se plaire avec les méchans; c'est vouloir demeurer confondus dans une foule d'êtres sans principes, sans mœurs & sans caractere; vivre dans un mensonge continuel d'une vie incertaine & troublée; loüer en rougissant la vertu qu'on a abandonnée; entendre dans la bouche des autres le blâme des actions qu'on a faites; chercher le repos dans des systêmes que le souffle d'un homme de bien renver-

verfé ; fe fermer pour toujours la fource des vé-
ritables joies, des feules qui foient honnêtes, au-
ftères & fublimes ; & fe livrer, pour fe fuir,
à l'ennui de tous ces amufemens frivoles où le
jour s'écoule dans l'oubli de foi-même , & où
la vie s'échappe & fe perd . . . . Rofalie , je
n'exagère point. Lorfque le fil du labyrinthe fe
rompt , on n'eft plus maître de fon fort ; on
ne fait jufqu'où l'on peut s'égarer.

Vous êtes effrayée ! & vous ne connoiffez
encore qu'une partie de votre péril.

Rofalie , vous avez été fur le point de perdre le plus grand bien qu'une femme puiffe
poffeder fur la terre ; un bien qu'elle doit incef-
famment demander au Ciel , qui en eft avare ;
un époux vertueux ! Vous alliez marquer par
une injuftice le jour le plus folennel de votre
vie , & vous condamner à rougir au fouvenir
d'un inftant qu'on ne doit fe rappeller qu'avec
un fentiment délicieux . . . . Songez qu'aux piés
de ces autels où vous auriez reçu mes fermens,
où j'aurois exigé les vôtres , l'idée de Clairville trahi & défefpéré vous auroit fuivie. Vous
euffiez vû le regard févère de Conftance attaché fur vous. Voilà quels auroient été les témoins effrayans de notre union . . . . Et ce mot
fi doux à prononcer & à entendre , lorfqu'il af-
fure & qu'il comble le bonheur de deux êtres
dont l'innocence & la vertu confacroient les
défirs ; ce mot fatal eût fcellé pour jamais notre injuftice & notre malheur . . . Oui , Mademoifelle , pour jamais. L'ivreffe paffe. On fe
voit tels qu'on eft. On fe méprife. On s'ac-
cufe & la mifère commence. (*Il échappe ici
à Rofalie quelques larmes qu'elle effuie furtive-
ment.*)

En effet , quelle confiance avoir en une
femme , lorfqu'elle a pû trahir fon amant ? en

un

un homme, lorfqu'il a pû tromper fon ami ?. Mademoifelle, il faut que celui qui ofe s'engager en des liens indiffolubles, voie dans la compagne la premiere des femmes; & malgré elle, Rofalie ne verroit en moi que le dernier des hommes... Cela ne peut être... Je ne faurois trop refpecter la mere de mes enfans, & je ne faurois en être trop confideré.

Vous rougiffez. Vous baiffez les yeux. Quoi donc ? Seriez-vous offenfée qu'il y eût dans la nature quelque chofe pour moi de plus facré que vous ? Voudriez-vous me revoir encore dans ces inftans humilians & cruels, où vous me méprifiez fans doute, où je me haïffois, où je craignois de vous rencontrer, où vous trembliez de m'entendre, & où nos ames flotantes entre le vice & la vertu, étoient déchirées...

Que nous avons été malheureux, Mademoifelle ! Mais mon malheur a ceffé au moment où j'ai commencé d'être jufte. J'ai remporté fur moi la victoire la plus difficile, mais la plus entiere. Je fuis rentré dans mon caractere. Rofalie ne m'eft plus redoutable; & je pourrois fans crainte lui avoüer tout le defordre qu'elle avoit jetté dans mon ame, lorfque dans le plus grand trouble de fentimens & d'idées qu'aucun mortel ait jamais éprouvé, je répondois... Mais un événement imprévû, l'erreur de Conftance, la vôtre, mes efforts m'ont affranchi... Je fuis libre...

(A ces mots, Rofalie paroît accablée. Dorval qui s'en apperçoit, fe tourne vers elle; & la regardant d'un air plus doux, il continue.)

Mais qu'ai-je exécuté que Rofalie ne le puiffe mille fois plus facilement ! Son cœur eft fait pour fentir, fon efprit pour penfer, fa bouche pour annoncer tout ce qui eft honnête. Si j'avois dit

différé d'un inftant, j'aurois entendu de Rosalie
tout ce qu'elle vient d'entendre de moi. Je l'aurois regardée comme une divinité bienfaisante
qui me rendoit la main, & qui raffûroit mes
pas chancelans. A fa voix, la vertu fe feroit
rallumée dans mon cœur.

ROSALIE

(d'une voix tremblante.) Dorval ....

DORVAL (avec humanité.)
Rofalie.

ROSALIE.
Que faut-il que je faffe?

DORVAL.
Nous avons placé l'eftime de nous-mêmes à
un haut prix !

ROSALIE.
Eft-ce mon defefpoir que vous voulez?

DORVAL.
Non. Mais il eft des occafions où il n'y a
qu'une action forte qui nous releve.

ROSALIE.
Je vous entends. Vous êtes mon ami... Oui,
j'en aurai le courage..... Je brûle de voir Conftance.... Je fais enfin où le bonheur m'attend.

DORVAL.
Ah, Rofalie, je vous reconnois. C'eft vous,
mais plus belle, plus touchante à mes yeux que
jamais! Vous voila digne de l'amitié de Conftance, de la tendreffe de Clairville, & de toute mon eftime; car j'ofe à préfent me nommer.

D   SCE.

⊰⊱⊰⊱⊰⊱⊰⊱⊰⊱⊰⊱⊰⊱⊰⊱⊰⊱

SCENE IV.

ROSALIE, JUSTINE, DORVAL, CONSTANCE.

ROSALIE (*court au-devant de Constance.*)

VEnez, Constance. Venez recevoir de la main de votre pupille, le seul mortel qui soit digne de vous.

CONSTANCE.

Et vous, Mademoiselle, courez embrasser votre pere. Le voilà.

⊰⊱⊰⊱⊰⊱⊰⊱⊰⊱⊰⊱⊰⊱⊰⊱⊰⊱

SCENE V. & DERNIERE.

ROSALIE, JUSTINE, DORVAL, CONSTANCE, *le vieux* LYSI-MOND, *tenu sous les bras par* CLAIR-VILLE *&. par* ANDRE; CHAR-LES, SYLVESTRE, *toute la maison.*

ROSALIE.

MOn pere!

DORVAL.

Ciel! que vois-je! C'est Lysimond! c'est mon pere!

LYSIMOND.

Oui, mon fils. Oui, c'est moi. (*A Dorval & à Rosalie.*) Approchez mes enfans, que je vous embrasse... Ah, ma fille!.. Ah, mon fils!.... (*Il les regarde.*) Dumoins, je les ai vûs,... (*Dorval & Rosalie sont étonnés. Lysi-mond*

mond s'en apperçoit.) Mon fils, voilà ta sœur....
Ma fille, voilà ton frere....

ROSALIE.

Mon frere !

DORVAL.

Ma sœur !

ROSALIE.

Dorval?

DORVAL.

Rosalie !

Ces mots se disent avec toute la vitesse de la surprise, & se font entendre pres-qu'au même instant

LYSIMOND. (*Il est assis.*)

Oui, mes enfans ; vous saurez tout.... Approchez, que je vous embrasse encore..... (*Il
leve ses mains au Ciel*).... Que le Ciel qui me
rend à vous, qui vous rend à moi, vous bénis-
se tous.... (*A Clairville.*) Clairville. (*A Constance.*) Madame, pardonnez à un pere qui re-
trouve ses enfans. Je les croyois perdus pour
moi.... Je me suis dit cent fois : Je ne les reverrai jamais. Ils ne me reverront plus. Peut-
être, hélas, ils s'ignoreront toûjours ! ...Quand
je partis, ma chere Rosalie, mon espérance la
plus douce étoit de te montrer un fils digne de
moi, un frere digne de toute ta tendresse ; qui
te servît d'appui, quand je ne serai plus... &,
mon enfant, ce sera bientôt... Mais, mes enfans, pourquoi ne vois-je point encore sur vos
visages ces transports que je m'étois promis? ...
Mon âge, mes infirmités, ma mort prochaine
vous afflige.... Ah, mes enfans ; j'ai tant tra-
vaillé, tant souffert ! ... Dorval, Rosalie (*en
disant ces mots, le vieillard tient ses bras étendus
vers ses enfans qu'il regarde alternativement, &
qu'il invite à se reconnoître.*)

(*Dorval & Rosalie se regardent, tombent dans
les bras l'un de l'autre, & vont ensemble embrasser les genoux de leur pere, en s'écriant.*)

D 2

DOR-

DORVAL, ROSALIE.

Ah, mon pere!

LYSIMOND

(leur imposant ses mains & levant les yeux au Ciel, dit :)

O Ciel! je te rends graces! mes enfans se sont vûs, ils s'aimeront, je l'espere, & je mourrai content... Clairville, Rosalie vous étoit chere... Rosalie, tu aimois Clairville. Tu l'aimes toûjours. Approchez que je vous unisse.

(Clairville, sans oser approcher, se contente de tendre les bras à Rosalie, avec tout le mouvement du desir & de la passion. Il attend. Rosalie le regarde un instant & s'avance. Clairville se precipite, & Lysimond les unit.)

ROSALIE *(en interrogation.)*

Mon pere?...

LYSIMOND.

Mon enfant?...

ROSALIE

Constance... Dorval... ils sont dignes l'un de l'autre.

LYSIMOND *(à Constance & à Dorval.)*

Je t'entends. Venez, mes chers enfans. Venez. Vous doublez mon bonheur.

Constance & Dorval s'approchent gravement de Lysimond. Le bon vieillard prend la main de Constance, la baise, & lui présente celle de son fils, que Constance reçoit.)

LYSIMOND

(pleurant & s'essuyant les yeux avec la main, dit :)

Celles-ci sont de joie, & ce seront les dernieres..... Je vous laisse une grande fortune. Joüissez-en comme je l'ai acquise. Ma richesse ne coûta jamais rien à ma probité. Mes enfans, vous la pourrez posséder sans remords.....

Ro-

Rosalie, tu regardes ton frere , &, tes yeux
baignés de larmes reviennent sur moi.... Mon
enfant, tu sauras tout ; je te l'ai déja dit....
Epargne cet aveu à ton pere, à un frere sensible & délicat... Le Ciel qui a trempé d'amer-
tumes toute ma vie , ne m'a réservé de puis
que ces derniers instans. Cher enfant , laisse-
m'en joüir..... Tout est arrangé entre
vous..... Ma fille, voilà l'état de mes biens....

ROSALIE.

Mon pere....

LYSIMOND.

Prends, mon enfant. J'ai vécu. Il est tems
que vous viviez, & que je cesse ; demain, si le
Ciel le veut, ce sera sans regret... Tiens, mon
fils, c'est le précis de mes dernieres volontés.
Tu les respecteras. Sur-tout n'oubliez pas André. C'est à lui que je devrai la satisfaction de
mourir au milieu de vous. Rosalie, je me re-
souviendrai d'André , lorsque ta main me fer-
mera les yeux... Vous verrez , mes enfans,
que je n'ai consulté que ma tendresse, & que je
vous aimois tous deux également. La perte
que j'ai faite est peu de chose. Vous la suppor-
terez en commun. ROSALIE.

Qu'entends-je? Mon pere.... on m'a remis...
(*Elle présente à son pere le portefeuille envoyé par
Dorval.*)

LYSIMOND.

On t'a remis... Voyons... (*Il ouvre le portefeuille, il examine ce qu'il contient, & dit...*
Dorval, tu peux seul éclaircir ce mystere. Ces
effets t'appartenoient. Parle. Dis-nous comment ils se trouvent entre les mains de ta sœur.

CLAIRVILLE (*vivement.*)

J'ai tout compris. Il exposa sa vie pour moi ;
il me sacrifioit sa fortune !

D 3   Ro-

ROSALIE (*à Clarville*)
Sa paffion !

CONSTANCE (*à Clairville.*)
Sa liberté !

Ces mots fe difent avec beaucoup de vîteffe, & font pluf que entendus en mê- me tems.

CLAIRVILLE.
Ah, mon ami ! (*Il l'embraffe.*)

ROSALIE
(*en fe jettant dans le fein de fon frere, & baiffant la vûe.*)
Mon frere....

DORVAL (*en fouriant*)
J'étois un infenfé. Vous étiez un enfant.

LYSIMOND.
Mon fils, que te veulent-ils ? Il faut que tu leur ayes donné quelque grand fujet d'admira- tion & de joie, que je ne comprends pas, que ton pere ne peut partager.

DORVAL.
Mon pere, la joie de vous revoir nous a tous tranfportés.

LYSIMOND.
Puiffe le Ciel qui bénit les enfans par les pe- res, & les peres par les enfans, vous en accor- der qui vous rendent la tendreffe que vous avez pour moi.

Fin du cinquieme Acte & de la Piece.

✿✿✿✿✿✿✿✿✿✿✿✿✿✿✿✿✿✿✿✿✿✿✿

J'Ai promis de dire pourquoi je n'entendis pas la derniere scene, & le voici. Lyſimond n'é-toit plus. On avoit engagé un de ſes amis qui étoit à-peu-près de ſon âge, & qui avoit ſa tail-le, ſa voix, & ſes cheveux blancs, à le rem-placer dans la Piece.

Ce vieillard entra dans le ſalon, comme Ly-ſimond y étoit entré la premiere fois, tenu ſous les bras par Clairville & par André, & cou-vert des habits que ſon ami avoit apportés des priſons. Mais à peine y parut-il que, ce mo-ment de l'action remettant ſous les yeux de tou-te la famille, un homme qu'elle venoit de per-dre, & qui lui avoit été ſi reſpectable, & ſi cher, perſonne ne put retenir ſes larmes. Dor-val pleuroit. Conſtance & Clairville pleu-roient. Roſalie étouffoit ſes ſanglots & détour-noit ſes regards. Le vieillard qui repréſentoit Lyſimond, ſe troubla, & ſe mit à pleurer auſ-ſi. La douleur paſſant des maîtres aux domeſ-tiques, devint générale, & la Piece ne finit pas.

Lorſque tout le monde fut retiré, je ſortis de mon coin, & je m'en retournai comme j'étois venu. Chemin faiſant, j'eſſuyois mes yeux, & je me diſois pour me conſoler, car j'avois l'ame triſte: ,, Il faut que je ſois bien bon de ,, m'affliger ainſi. Tout ceci n'eſt qu'une co- ,, médie. Dorval en a pris le ſujet dans ſa tê- ,, te. Il l'a dialoguée à ſa fantaiſie, & l'on s'a- ,, muſoit aujourd'hui à la repréſenter."

Cependant quelques circonſtances m'embar-raſſoient. L'hiſtoire de Dorval étoit connue dans le pays. La repréſentation en avoit été ſi vraie, qu'oubliant en pluſieurs endroits que j'é-tois ſpectateur, & ſpectateur ignoré, j'avois été ſur le point de ſortir de ma place, & d'ajoûter

D 4   un

un perfonnage réel à la fcene. Et puis comment arranger avec mes idées ce qui venoit de
fe paffer ? Si cette piece étoit une comedie comme une autre, pourquoi n'avoient-ils pû jouer
la derniere fcene ? Quelle étoit la caufe de la
douleur profonde dont ils avoient été pénétrés
à la vûe du vieillard qui faifoit Lyfimond !

Quelques jours après j'allai remercier Dorval de la foirée délicieufe & cruelle que je devois à fa complaifance.

» Vous avez donc été content de cela ?
J'aime à dire la vérité. Cet homme aimoit
à l'entendre, & je lui répondis que le jeu des
acteurs m'en avoit tellement impofé, qu'il m'é-
toit impoffible de prononcer fur le refte; d'ailleurs, que n'ayant point entendu la derniere
fcene, j'ignorois le dénouement; mais que s'il
vouloit me communiquer l'ouvrage, je lui en
dirois mon fentiment.

» Votre fentiment ! & n'en fais-je pas au-
» tant ce que j'en veux favoir ? Une piece eft
» moins faite pour être lue que pour être repré-
» fentée; la représentation de celle-ci vous a plu.
» Il ne m'en faut pas davantage. Cependant la
» voilà. Lifez-la; & nous en parlerons.

Je pris l'ouvrage de Dorval. Je le lus à
repofées, & nous en parlâmes le lendemain &
les deux jours fuivans.

Voici nos entretiens. Mais quelle différence
entre ce que Dorval me difoit, & ce que j'é-
cris ! . . . Ce font peut-être les mêmes idées
mais le génie de l'homme n'y eft plus . . . En
envain que je cherche en moi l'impreffion que
le fpectacle de la nature & la préfence de Dorval y faifoient. Je ne l'entends plus. Je fuis
feul, parmi la pouffiere des livres & dans l'ombre d'un cabinet. . . . Et j'écris des lignes foibles, triftes & froides.

DOR-

DORVAL ET MOI.

Premier Entretien.

CE jour, Dorval avoit tenté sans succès de terminer une affaire qui divisoit depuis long-tems deux familles du voisinage, & qui pouvoit ruiner l'une & l'autre. Il en étoit chagrin, & je vis que la disposition de son ame alloit répandre une teinte obscure sur notre entretien. Cependant je lui dis:

,, Je vous ai lu. Mais je suis bien trompé,
,, ou vous ne vous êtes pas attaché à répondre
,, scrupuleusement aux intentions de M. votre
,, pere. Il vous avoit recommandé, ce me
,, semble, de rendre les choses comme elles s'é-
,, toient passées; & j'en ai remarqué plusieurs
,, qui ont un caractere de fiction qui n'en im-
,, pose qu'au théatre, où l'on diroit qu'il y a
,, une illusion & des applaudissemens de con-
,, vention.

,, D'abord vous vous êtes asservi à la loi des
,, unités. Cependant il est incroyable que tant
,, d'evenemens se soient passés dans un même
,, lieu; qu'ils n'ayent occupé qu'un intervalle
,, de vingt-quatre heures, & qu'ils se soient
,, succédés dans votre histoire, comme ils sont
,, enchaînés dans votre ouvrage. "

Vous avez raison. Mais si le fait a duré quinze jours, croyez-vous qu'il fallût accorder la même durée à la représentation? Si les évenemens en ont été séparés par d'utres, qu'il étoit à propos de rendre cette confusion? Et s'ils se

D 5   font

sont passés en différens endroits de la maison, que je devois aussi les répandre sur le même espace?

Les loix des trois unités sont difficiles à observer, mais elles sont sensées.

Dans la société, les affaires ne durent que par de petits incidens qui donneroient de la vérité à un roman, mais qui ôteroient tout l'interêt à un ouvrage dramatique. Notre attention s'y partage sur une infinité d'objets différens; mais au théatre où l'on ne représente que des instans particuliers de la vie réelle, il faut que nous soyions tout entiers à la même chose.

J'aime mieux qu'une piece soit simple que chargée d'incidens. Cependant je regarde plus à leur liaison qu'à leur multiplicité. Je suis moins disposé à croire deux évenemens que le hasard a rendus successifs ou simultanés, qu'un grand nombre qui, rapprochés de l'expérience journaliere, la regle invariable des vraissemblances dramatiques, me paroîtroient s'attirer les uns les autres par des liaisons nécessaires.

L'art d'intriguer consiste à lier les évenemens, de maniere que le spectateur sensé apperçoive toûjours une raison qui le satisfasse. La raison doit être d'autant plus forte, que les évenemens sont plus singuliers. Mais il n'en faut pas juger par rapport à soi. Celui qui agit & celui qui regarde sont deux êtres très-différens.

Je serois fâché d'avoir pris quelque licence contraire à ces principes généraux de l'unité de tems & de l'unité d'action. Et je pense qu'on ne peut être trop sévere sur l'unité de lieu. Sans cette unité, la conduite d'une piece est presque toûjours embarrassée, louche. Ah, si nous avions des théatres où la décoration changeât tou-

toutes les fois que le lieu de la scene doit changer.

» Et quel si grand avantage y trouveriez-
» vous? »

Le spectateur suivroit sans peine tout le mouvement d'une Piece. La représentation en de-
viendroit plus variée, plus intéressante & plus
claire. La décoration ne peut changer que la
scene ne reste vuide. La scene ne peut rester
vuide qu'à la fin d'un acte. Ainsi toutes les
fois que deux incidens feroient changer la décoration, ils se passeroient dans deux actes différens. On ne verroit point une assemblée de
sénateurs succéder à une assemblée de conjurés,
à-moins que la scene ne fût assez étendue pour
qu'on y distinguât des espaces fort différens.
Mais sur de petits théâtres, tels que les nôtres,
que doit penser un homme raisonnable, lorsqu'il entend des courtisans qui savent si bien
que les murs ont des oreilles, conspirer contre leur souverain dans l'endroit même où il
vient de les consulter sur l'affaire la plus im-
portante, sur l'abdication de l'empire? Puisque les personnages demeurent, il suppose apparemment que c'est le lieu qui s'en va.

Au reste, sur ces conventions théatrales, voici ce que je pense. C'est que celui qui ignorera
la raison poétique, ignorant aussi le fondement
de la regle, ne saura ni l'abandonner, ni la suivre à-propos. Il aura pour elle trop de respect
ou trop de mépris, deux écueils opposés, mais
également dangereux. L'un réduit à rien les observations & l'expérience des siecles passés, &
ramene l'art à son enfance. L'autre l'arrête
tout court où il est, & l'empêche d'aller en
avant.

Ce fut dans l'appartement de Rosalie que je
m'entretins avec elle, lorsque je détruisis dans

son

son cœur le penchant injuste que je lui avois inspiré , & que je fis renaître la tendresse pour
Clairville. Je me promenois avec Constance
dans cette grande allée, sous les vieux maroniers
que vous voyez, lorsque je demeurai convaincu qu'elle étoit la seule femme qu'il y eût au
monde pour moi.   Pour moi ! qui m'étois pro-
posé dans ce moment de lui faire entendre que
je n'étois point l'époux qui lui convenoit.   Au
premier bruit de l'arrivée de mon pere, nous
descendîmes, nous accourûmes tous, & la derniere scene se passa en autant d'endroits différens que cet honnête vieillard fit de pauses,
depuis la porte d'entrée jusque dans ce salon.
Je les vois encore ces endroits.... Si j'ai renfermé toute l'action dans un lieu, c'est que je
le pouvois sans gêner la conduite de la Piece, & sans ôter de la vraissemblance aux événemens.

 „ Voilà qui est à merveilles. Mais en dis-
„ posant des lieux, du tems , & de l'ordre des
„ évenemens, vous n'auriez pas dû en imagi-
„ ner qui ne sont , ni dans nos mœurs ni
„ dans votre caractere."

 „ Vous me persuaderez donc que vous ayez
„ eu avec votre valet la seconde scene du pre-
„ mier acte ? Quoi, lorsque vous lui dites, ma
„ chaise , des chevaux , il ne partit pas ? il ne
„ vous obéit pas ? Il vous fit des remontrances
„ que vous écoutâtes tranquillement ? Le sévere
„ Dorval , cet homme renfermé même avec
„ son ami Clairville, s'est entretenu familiere-
„ ment avec son valet Charles. Cela n'est ni
„ vraisemblable ni vrai".

 Il faut en convenir. Je me dis à moi-même
à-peu-près ce que j'ai mis dans la bouche de
Charles. Mais ce Charles est un bon domestique , qui m'est attaché. Dans l'occasion il feroit

mir pour moi tout ce qu'André a fait pour mon
pere. Il a été témoin de la chofe. J'ai vû fi peu
d'inconvénient à l'introduire un moment dans la
Piece, & cela lui a fait tant de plaifir! …
Parce qu'ils font nos valets, ont-ils ceffé d'être
des hommes? … S'ils nous fervent, il en eft un
autre que nous fervons.

„ Mais fi vous compofiez pour le Théa-
„ tre"?

Je laifferois là ma morale, & je me garderois bien de rendre importans fur la fcene des
êtres qui font nuls dans la fociété. Les Daves
ont été les pivots de la Comedie ancienne,
parce qu'ils étoient en effet les moteurs de tous les
troubles domeftiques. Sont-ce les moeurs qu'on
avoit il y a deux mille ans, ou les nôtres, qu'il
faut imiter? Nos valets de comedie font toûjours plaifans, preuve certaine qu'ils fon froids.
Si le poëte les laiffe dans l'antichambre, où ils
doivent être, l'action fe paffant entre les principaux perfonnages, en fera plus intéreffante &
plus forte. Moliere qui favoit fi bien en tirer
parti, les a exclus du Tartuffe & du Mifantrope. Ces intrigues de valets & de foubrettes dont
on coupe l'action principale, font un moyen
fûr d'anéantir l'intéret. L'action théâtrale ne fe
repofe point; & mêler deux intrigues, c'eft les
arrêter alternativement l'une & l'autre.

„ Si j'ofois, je vous demanderois graces pour
„ les foubrettes. Il me femble que les jeunes
„ perfonnes toûjours contraintes dans leur con-
„ duite & dans leurs difcours n'ont que ces
„ femmes à qui elles puiffent ouvrir leur ame,
„ confier des fentimens qui la preffent, & que
„ l'ufage, la bienféance, la crainte, & les pré-
„ jugés y tiennent renfermés.

Qu'elles reftent donc fur la fcene jufqu'à ce
que notre éducation devienne meilleure, & que

D 7   les

les peres & meres soient les confidens de leurs
enfans.…. Qu'avez-vous encore observé?

„ La déclaration de Constance.…?

Eh bien?

„ Les femmes n'en font guere.…"

D'accord. Mais supposez qu'une femme ait
l'ame, l'élévation, & le caractere de Constance, qu'elle ait sû choisir un honnête homme,
& vous verrez qu'elle avoûera ses sentimens
sans conséquence. Constance m'embarrassa
beaucoup.… Je la plaignois, & l'en respectai davantage.

„ Cela est bien étonnant? Vous étiez occu-
„ pé d'un autre côté.…"

Et ajoûtez que je n'étois pas un fat.

„ On trouvera dans cette déclaration quel-
„ ques endroits peu ménagés.…… Les femmes
„ s'attacheront à donner du ridicule à ce ca-
„ ractere".…

Quelles femmes, s'il vous plaît, des femmes
perdûes qui avoûoient un sentiment honteux toutes les fois qu'elles ont dit, je vous aime. Ce
n'est pas là Constance; & l'on seroit bien à
plaindre dans la société, s'il n'y avoit aucune
femme qui lui ressemblât.

„ Mais ce ton est bien extraordinaire au théa-
„ tre"!…

Et laissez-là les treteaux. Rentrez dans le salon, & convenez que le discours de Constance ne vous offensa pas quand vous l'entendî-
tes-là.

„ Non".

C'est assez. Cependant il faut tout vous dire.
Lorsque l'ouvrage fut achevé, je le communi-
quai à tous les personnages, afin que chacun
ajoûtât à son rôle, en retranchât, & se peignît
encore plus au vrai. Mais il arriva une chose
à laquelle je ne m'attendois guere, & qui est ce-
pen-

pendant bien naturelle. C'est que plus à leur
état préfent qu'à leur fituation paffée, ici ils
adouciffent l'expreffion. Là, ils pallièrent un
fentiment. Ailleurs, ils préparèrent un incident.
Rofalie voulut paroître moins coupable aux yeux
de Clairville. Clairville, fe montrer encore plus
paffionné pour Rofalie. Conftance, marquer
un peu plus de tendreffe à un homme qui eft
maintenant fon époux; & la vérité des caracteres en a fouffert en quelques endroits. La déclaration de Conftance eft unj de ces endroits.
Je vois que les autres n'échapperont pas à la fi-
neffe de votre goût.

Ce difcours de Dorval m'obligea d'autant
plus, qu'il eft peu dans fon caractere de louer.
Pour y répondre, je relevai une minutie que
j'aurois négligée, fans cela.

,, Et le thé de la même fcene, lui difje ,, ?

Je vous entends. Cela n'eft pas de ce pays.
J'en conviens; mais j'ai voyagé long-tems en
Hollande. J'ai beaucoup vécu avec des étran-
gers. J'ai pris d'eux cet ufage; & c'eft moi que
j'ai peint.

,, Mais au théatre ,, !

Ce n'eft pas là. C'eft dans le falon qu'il faut
juger mon ouvrage.... Cependant ne paffez
aucun des endroits où vous croirez qu'il peche
contre l'ufage du théatre.... Je ferai bien-
aife d'examiner fi c'eft moi qui ai tort, ou l'u-
fage.

Tandis que Dorval parloit, je cherchois les
coups de crayon que j'avois donnés à la marge
de fon manufcrit, par-tout où j'avois trouvé
quelque chofe à réprendre. J'apperçus une de
ces marques vers le commencement de la feconde fcene du fecond Acte, & je lui dis:

,, Lorfque vous vîtes Rofalie, felon la parole
,, que vous en aviez donnée à votre ami, ou
,, el-

» elle étoit instruite de votre départ, ou elle
» l'ignoroit. Si c'est le premier, pourquoi n'en
» dit-elle rien à Justine? Est il naturel qu'il ne
» lui échappe pas un mot sur un evenement qui
» doit l'occuper toute entiere? Elle pleure, mais
» ses larmes coulent sur elle. Sa douleur est
» celle d'une ame délicate qui s'avoue des sen-
» timens qu'elle ne pouvoit empêcher de naî-
» tre, & qu'elle ne peut approuver. *Elle pleu-*
» *roit*, me direz-vous. *Elle en paroît étonnée,*
» *je l'ai écrit, & vous l'avez vû.* Cela est vrai.
» Mais comment a-t-elle pû ignorer ce qu'on
» savoit dans toute la maison"?

Il étoit matin. J'étois pressé de quitter un séjour que je remplissois de trouble, & de me
délivrer de la commission la plus inattendue &
la plus cruelle. Et je vis Rosalie aussi-tôt qu'il
fut jour chez elle. La scene a changé de lieu,
mais sans rien perdre de sa vérité. Rosalie s'é-
voit retirée. Elle n'espéroit dérober ses pensées
secretes à la pénétration de Constance & à la
passion de Clairville, qu'en les évitant l'un & l'autre. Elle ne faisoit que de descendre de son appartement, & elle n'avoit encore vû personne,
quand elle entra dans le salon.

» Mais pourquoi annonce-t-on Clairville,
» tandis que vous vous entretenez avec Rosa-
» lie? Jamais on ne s'est fait annoncer chez elle,
» & ceci a tout l'air d'un coup de théatre mé-
» nagé à plaisir".

Non, c'est le fait, comme il a été, & comme il devoit être. Si vous y voyez un coup
de théatre, à la bonne heure. Il s'est placé là de
lui-même.

Clairville sait que je suis avec sa maîtresse. Il
n'est pas naturel qu'il entre tout au travers d'un
entretien qu'il a desiré. Cependant il ne peut résister à l'impatience d'en apprendre le résultat.

Ij

ll me fait appeller. Euſſiez-vous fait autrement?

Dorval s'arrêta ici un moment, enſuite il dit:
J'aimerois bien mieux des tableaux ſur la ſcene,
où il y en a ſi peu, & où ils produiroient un
effet ſi agréable & ſi ſûr, que ces coups de
théatre qu'on amene d'une maniere ſi forcée,
& qui ſont fondés ſur tant de ſuppoſitions ſin-
gulieres, que pour une de ces combinaiſons
d'évenemens qui ſoit heureuſe & naturelle, il y
en a mille qui doivent déplaire à un homme de
goût.

„ Mais quelle différence mettez-vous entre
„ un coup de théatre, & un tableau”?

J'aurai bien plûtot fait de vous en donner des
exemples que des définitions. Le ſecond acte de
la piece s'ouvre par un tableau, & finit par un
coup de théatre.

„ J'entends. Un incident imprévû qui ſe paſſe
„ en action & qui change ſubitement l'état des
„ perſonnages, eſt un coup de théatre. Une
„ diſpoſition de ces perſonnages, ſur la ſcene,
„ ſi naturelle & ſi vraie, que rendue fidelement
„ par un peintre, elle me plairoit ſur la toile,
„ eſt un tableau”.

A-peu-près.

„ Je gagerois preſque que dans la quatrieme
„ ſcene du ſecond acte, il n'y a pas un mot qui
„ ne ſoit vrai. Elle m'a deſolé dans le ſalon, &
„ j'ai pris un plaiſir infini à la lire. Le beau ta-
„ bleau, car c'en eſt un, ce me ſemble, que
„ le malheureux Clairville renverſé ſur le ſein
„ de ſon ami, comme dans le ſeul aſyle qui lui
„ reſte”.

Vous penſez bien à ſa peine. Mais vous oubliez la mienne. Que ce moment fut cruel pour
moi!

„ Je le ſais. Je le ſais. Je me ſouviens que,
„ tan-

„ tandis qu'il exhaloit fa plainte & fa douleur,
„ vous verfiez des larmes fur lui. Ce ne font
„ pas là de ces circonftances qui s'oublient".

Convenez que ce tableau n'auroit point eû
lieu fur la fcene ; que les deux amis n'auroient
ofé fe regarder en face, tourner le dos au fpectateur, fe groupper, fe féparer, fe rejoindre ; &
que toute leur action auroit été bien compaf-
fée, bien empefée, bien manierée, & bien
froide.

„ Je le crois".

Eft-il poffible qu'on ne fentira point quel effet du malheur eft de rapprocher les hommes,
& qu'il eft ridicule fur-tout dans les momens de
tumulte, lorfque les paffions font portées à l'excès, & que l'action eft la plus agitée, de fe
tenir en rond, féparés, à une certaine diftance
les uns des autres, & dans un ordre fymmétri-
que.

Il faut que l'action théatrale foit bien impar-
faite encore, puifqu'on ne voit fur la fcene
prefqu'aucune fituation dont on pût faire une
compofition fupportable en Peinture. Quoi
donc ! la vérité y eft-elle moins effentielle que
fur la toile ? Seroit-ce une regle qu'il faut s'é-
loigner de la chofe, à mefure que l'art en eft
plus voifin, & mettre moins de vraifemblance
dans une fcene vivante où les hommes mêmes
agiffent, que dans une fcene colorée, où l'on
ne voit, pour ainfi dire, que leurs ombres ?

Je penfe, pour moi, que fi un ouvrage dramatique étoit bien fait & bien répréfenté, la
fcene offriroit au fpectateur autant de tableaux
réels, qu'il y auroit dans l'action de momens fa-
vorables au peintre.

„ Mais la décence ! La décence" !

Je n'entends répéter que ce mot. La maîtreffe de Barnevelt entre échevelée dans la prifon
de

de fon amant. Les deux amis s'embraffent, &
tombent à terre. Philoctete fe rouloit autrefois
à l'entrée de fa caverne. Il y faifoit entendre
les cris inarticulés de la douleur. Ces cris for-
moient un vers peu nombreux. Mais les entrailles du fpectateur en étoient déchirées. Avons-
nous plus de délicateffe & plus de génie que les
Athéniens?... Quoi donc, pourroit-il y avoir
rien de trop véhément dans l'action d'une mere, dont on immole la fille? Qu'elle courre fur
la fcene comme une femme furieufe ou troublée. Qu'elle rempliffe de cris fon palais. Que
le défordre ait paffé jufque dans fes vêtemens.
Ces chofes conviennent à fon defefpoir. Si la
mere d'Iphigénie fe montroit un moment reine
d'Argos & femme du Général des Grecs, elle
ne me paroîtroit que la derniere des créatures.
La véritable dignité, celle qui me frappe, qui
me renverfe : c'eft le tableau de l'amour mater-
nel dans toute fa vérité.

En feuilletant le manufcrit, j'apperçus un petit coup de crayon que j'avois paffé. Il étoit à
l'endroit de la fcene feconde du fecond acte,
où Rofalie dit de l'objet qui l'a féduite, qu'elle
*croyoit y reconnoître la vérité de toutes les chime-
res de perfection qu'elle s'étoit faites*. Cette réflexion m'avoit femblé un peu forte pour un enfant, & *les chimeres de perfection* s'écarter de fon
ton ingénu. J'en fis l'obfervation à Dorval. Il
me renvoya pour toute réponfe au manufcrit.
Je le confidérai avec attention; je vis que ces
mots avoient été ajoûtés après-coup de la main
même de Rofalie, & je paffai à d'autres chofes.

„ Vous n'aimez pas les coups de theâtre, lui
„ dis-je?”
Non.

„ En

„ En voici pourtant un & des mieux arran-
„ gés".

Je le sais, & je vous l'ai cité.

C'est la base de toute votre intrigue".

J'en conviens.

Et c'est une mauvaise chose?"

Sans doute.

Pourquoi donc l'avoir employée?"

C'est que ce n'est pas une fiction, mais un
fait. Il seroit à souhaiter pour le bien de l'ouvrage que la chose fût arrivée tout autrement.

„ Rosalie vous déclare sa passion. Elle ap-
„ prend qu'elle est aimée. Elle n'espere plus,
„ elle n'ose plus vous revoir. Elle vous écrit".

Cela est naturel.

„ Vous lui répondez".

Il le falloit.

„ Clairville a promis à sa sœur que vous ne
„ partiriez pas sans l'avoir vûe. Elle vous aime.
„ Elle vous l'a dit. Vous connoissez ses senti-
„ mens".

Elle doit chercher à connoître les miens.

„ Son frere va la trouver chez une amie, où
„ des bruits fâcheux qui se sont répandus sur la
„ fortune de Rosalie & sur le retour de son pe-
„ re, l'ont appellée. On y savoit votre départ.
„ On en est surpris. On vous accuse d'avoir in-
„ spiré de la tendresse à sa sœur, & d'en avoir
„ pris pour sa maîtresse".

La chose est vraie.

„ Mais Clairville n'en croit rien. Il vous dé-
„ fend avec vivacité. Il se fait une affaire. Il
„ vous appelle à son secours, tandis que vous
„ répondez à la lettre de Rosalie. Vous laissez
„ votre réponse sur la table".

Vous en eussiez fait autant, je pense.

„ Vous volez au secours de votre ami. Con-
„ stan

„ ſtance arrive. Elle ſe croit attendue. Elle ſe
„ voit laiſſée. Elle ne comprend rien à ce pro-
„ cédé. Elle apperçoit la lettre que vous écri-
„ viez à Roſalie. Elle la lit, & la prend pour
„ elle".

Toute autre s'y ſeroit trompée.

„ Sans doute, elle n'a aucun ſoupçon de vo-
„ tre paſſion pour Roſalie, ni de la paſſion de
„ Roſalie pour vous ; la lettre répond à une dé-
„ claration, & elle en a fait une".

Ajoutez que Conſtance a apris de ſon frere
le ſecret de ma naiſſance, & que la lettre eſt
d'un homme qui croiroit manquer à Clairville, s'il prétendoit à la perſonne dont il eſt épris.
Ainſi Conſtance croit & doit ſe croire aimée ;
& de-là tous les embarras où vous m'avez vû.

„ Que trouvez-vous donc à redire à cela ? il
„ n'y a rien qui ſoit faux".

Ni rien qui ſoit aſſez vraiſemblable. Ne
voyez-vous pas qu'il faut des ſiecles pour combiner un ſi grand nombre de circonſtances ?
Que les Artiſtes ſe félicitent tant qu'ils voudront du talent d'arranger de pareilles rencon-
tres. J'y trouverai de l'invention, mais ſans
goût véritable. Plus la marche d'une piece eſt
ſimple, plus elle eſt belle. Un poëte qui
auroit imaginé ce coup de théâtre, & la ſituation du cinquieme acte, où m'approchant
de Roſalie, je lui montre Clairville au fond du
ſalon, ſur un canapé, dans l'attitude d'un homme au deſeſpoir, auroit bien peu de ſens, s'il
préféroit le coup de théâtre au tableau. L'un
eſt preſque un enfantillage. L'autre eſt un trait
de génie. J'en parle ſans partialité. Je n'ai in-
venté ni l'un ni l'autre. Le coup de théâtre eſt
un fait. Le tableau, une circonſtance heureuſe
que le haſard fit naître, & dont je ſûs profi-
ter.

„ Mais

,, Mais lorsque vous fûtes la méprife de Con-
,, ftance, que n'en avertifliez-vous Rofalie?
,, L'expédient étoit fimple, & il remédioit à
,, tout".

Oh pour le coup, vous voilà bien loin du
théatre, & vous examinez mon ouvrage avec
une févérité à laquelle je ne connois pas de piece qui réfiftât. Vous m'obligeriez de m'en citer
une qui allât jufqu'au troifieme acte, fi chacun
y faifoit à la rigueur ce qu'il doit faire. Mais
cette réponfe qui feroit bonne pour un artifte,
ne l'eft pas pour moi. Il s'agit ici d'un fait, &
non d'une fiction. Ce n'eft point à un auteur
que vous demandez raifon d'un incident; c'eft
à Dorval que vous demandez compte de fa
conduite.

Je n'inftruifis point Rofalie de l'erreur de
Conftance & de la fienne, parce qu'elle ré-
pondoit à mes vûes. Réfolu de tout facrifier
à l'honnêteté, je regardai ce contre-tems qui
me féparoit de Rofalie, comme un événement
qui m'éloignoit du danger. Je ne voulois point
que Rofalie prît une fauffe opinion de mon caractere; mais il m'importoit bien davantage
de ne manquer ni à moi-même, ni à mon ami.
Je fouffrois à le tromper, à tromper Conftance; mais il le falloit.

,, Je le fens. A qui écriviez-vous, fi ce n'é-
,, toit pas à Conftance"?

D'ailleurs il fe paffa fi peu de tems entre ce
moment & l'arrivée de mon pere; & Rofalie vivoit fi renfermée. Il n'étoit pas queftion
de lui écrire. Il eft fort incertain qu'elle eût
voulu recevoir ma lettre; & il eft fûr qu'une
lettre qui l'auroit convaincue de mon innocence, fans lui ouvrir les yeux fur l'injuftice de nos
fentimens, n'auroit fait qu'augmenter le mal.

,, Cependant vous entendez de la bouche de
,, Clair-

„ Clairville mille mots qui vous déchirent.
„ Constance lui remet votre lettre. Ce n'est
„ pas affez de cacher le penchant réel que vous
„ avez ; il faut en fimuler un que vous n'avez
„ pas. On arrange votre mariage avec Con-
„ ftance, fans que vous puiffiez vous y oppo-
„ fer. On annonce cette agréable nouvelle à
„ Rofalie, fans que vous puiffiez la nier. Elle
„ fe meurt à vos yeux. Et fon amant traité
„ avec une dureté incroyable, tombe dans un
„ état tout voifin du defefpoir".

C'eft la vérité, mais que pouvois-je à tout
cela.

„ A-propos de cette fcene de defefpoir. Elle
„ eft finguliere. J'en avois été vivement affecté
„ dans le falon. Jugez combien je fus furpris à
„ la lecture, d'y trouver des geftes & point de
„ difcours".

Voici une anecdote que je me garderois bien
de vous dire, fi j'attachois quelque mérite à cet
ouvrage, & fi je m'eftimois beaucoup de l'a-
voir fait. C'eft qu'arrivé à cet endroit de notre
hiftoire & de la piece, & ne trouvant en moi
qu'une impreffion profonde, fans la moindre
idée de difcours, je me rappellai quelques fcenes de comédie, d'après lefquelles je fis de Clairville un defefpéré très-difert. Mais lui parcourant fon rôle legerement, me dit: *Mon frere,
voilà qui ne vaut rien. Il n'y a pas un feul mot
de vérité dans cette rhétorique.* Je le fais. Mais
voyez, & tâchez de faire mieux. *Je n'aurai pas
de peine. Il ne s'agit que de fe remettre dans la
fituation, & que de s'écouter.* Ce fut apparemment ce qu'il fit. Le lendemain il m'apporta la
la fcene que vous connoiffez, telle qu'elle eft,
mot pour mot. Je la lus & relus plufieurs fois.
J'y reconnus le ton de la nature ; & demain,
fi vous voulez, je vous dirai quelques réflexions

xions qu'elle m'a fuggerées fur les paffions, leur
accent, la déclamation, & la pantomime. Je
vous reconduirai ce foir jufqu'au pied de la colline qui coupe en deux la diftance de nos de-
meures, & nous y marquerons le lieu de nous
rendez-vous.

Chemin faifant, Dorval obfervoit les phénomenes de la nature qui fuivent le coucher du
foleil, & il difoit : Voyez comme les ombres
particulieres s'affoibliffent à mefure que l'ombre univerfelle fe fortifie.... Ces larges bandes
de pourpre nous promettent une belle jour-
née.... Voilà toute la région du Ciel oppofée
au foleil couchant, qui commence à fe teindre
de violet.... On n'entend plus dans la forêt que
quelques oifeaux dont le ramage tardif, égaie
encore le crépufcule.... Le bruit des eaux cou-
rantes qui commence à fe féparer du bruit général, nous annonce que les travaux ont ceffé
en plufieurs endroits, & qu'il fe fait tard.

Cependant nous arrivâmes au pied de la colline. Nous y marquâmes le lieu de notre rendez-
vous, & nous nous féparâmes.

Second Entretien.

LE lendemain je me rendis au pied de la colline. L'endroit étoit solitaire & sauvage.
On avoit en perspective quelques hameaux répandus dans la plaine; au-delà une chaîne de
montagnes inégales & déchirées qui terminoient
en partie l'horison. On étoit à l'ombre des chênes, & l'on entendoit le bruit sourd d'une eau
souterreine qui couloit aux environs. C'étoit la
saison où la terre est couverte des biens qu'elle
accorde au travail & à la sueur des hommes.
Dorval étoit arrivé le premier. J'approchai de
lui sans qu'il m'apperçut. Il s'étoit abandonné
au spectacle de la nature. Il avoit la poitrine éle-
vée. Il respiroit avec force. Ses yeux attentifs se
portoient sur tous les objets. Je suivois sur son
visage les impressions diverses qu'il en éprouvoit, & je commençois à partager son trans-
port, lorsque je m'écriai, presque sans le vouloir, ,,Il est sous le charme''.

Il m'entendit, & me répondit d'une voix altérée. Il est vrai. C'est ici qu'on voit la nature.
Voici le séjour sacré de l'enthousiasme. Un
homme a-t-il reçu du génie? Il quitte la ville
& ses habitans. Il aime, selon l'attrait de son
cœur, à mêler les pleurs au crystal d'une fon-
taine; à porter des fleurs sur un tombeau; à
fouler d'un pied leger l'herbe tendre de la prai-
rie; à traverser à pas lents des campagnes fer-
tiles; à contempler les travaux des hommes; à
fuir au fond des forêts. Il aime leur horreur secrete. Il erre. Il cherche un antre qui l'inspire.
Qui est-ce qui mêle sa voix au torrent qui tombe de la montagne? Qui est-ce qui sent le sublime d'un lieu desert? Qui est-ce qui s'écou e

E   dans

dans le silence de la solitude? C'est lui. Notre poëte habite sur les bords d'un lac. Il promene sa vûe sur les eaux, & son génie s'étend. C'est-là qu'il est saisi de cet esprit tantôt tranquille & tantôt violent, qui souleve son ame ou qui l'appaise à son gré… O Nature, tout ce qui est bien est renfermé dans ton sein! Tu es la source féconde de toutes vérités!…, Il n'y a dans ce monde que la vertu & la vérité qui soient dignes de m'occuper… L'enthousiasme naît d'un objet de la nature. Si l'esprit l'a vû sous des aspects frappans & divers, il en est occupé, agité, tourmenté. L'imagination s'échauffe. La passion s'émeut. On est successivement étonné, attendri, indigné, courroucé. Sans l'enthousiasme, ou l'idée véritable ne se présente point, ou, si par hasard on la rencontre, on ne peut la poursuivre… Le poëme sent le moment de l'enthousiasme. C'est après qu'il a médité. Il s'annonce en lui par un frémissement qui vient de sa poitrine, & qui passe d'une maniere délicieuse & rapide jusqu'aux extrémités de son corps. Bien-tôt ce n'est plus un frémissement. C'est une chaleur forte & permanente qui l'embrase, qui le fait haleter, qui le consume, qui le tue; mais qui donne l'ame, la vie à tout ce qu'il touche. Si cette chaleur s'accroissoit encore, les spectres se multiplieroient devant lui. Sa passion s'éleveroit presqu'au degré de la fureur. Il ne connoîtroit de soulagement qu'à verser au-dehors un torrent d'idées qui se pressent, se heurtent, & se chassent.

Dorval éprouvoit à l'instant l'état qu'il peignoit. Je ne lui répondis point. Il se fit entre nous un silence pendant lequel je vis qu'il se tranquillisoit. Bien-tôt il me demanda, comme un homme qui sortiroit d'un sommeil profond,

qu'à-

qu'ai-je dit? Qu'avois-je à vous dire? Je ne
m'en souviens plus.

,, Quelques idées que la scene de Clairville
,, desespéré vous avoit suggérées sur les pas-
,, sions, leur accent, la déclamation, la panto-
,, mime''.

La premiere, c'est qu'il ne faut point donner d'esprit à ses personnages, mais savoir les
placer dans des circonstances qui leur en don-
nent ...

Dorval sentit à la rapidité avec laquelle il venoit de prononcer ces mots, qu'il restoit encore de l'agitation dans son ame; il s'arrêta; &
pour laisser le tems au calme de renaître; ou
plûtôt pour opposer à son trouble une émotion
plus violente, mais passagere, il me raconta ce
qui suit:

Une paysane du village que vous voyez entre ces deux montagnes, & dont les maisons
élevent leurs faîtes au dessus des arbres, envoya
son mari chez ses parens qui demeurent dans un
hameau voisin. Ce malheureux y fut tué par un
de ses beaux-freres. Le lendemain j'allai dans la
maison où l'accident étoit arrivée. Je vis un tableau, & j'y entendis un discours que je n'ai
point oublié. Le mort étoit étendu sur un lit.
Ses jambes nues pendoient hors du lit. Sa femme échevelée étoit à terre. Elle tenoit les pieds
de son mari; & elle disoit en fondant en larmes, & avec une action qui en arrachoit à tout
le monde: ,, Hélas, quand je t'envoyai ici, je
,, ne pensois pas que ces pieds te menoient
,, à la mort''. Croyez-vous qu'une femme d'un
autre rang auroit été plus pathétique? Non. La
même situation lui eût inspiré le même discours. Son ame eût été celle du moment; &
ce qu'il faut que l'artiste trouve, c'est ce que
tout le monde diroit en pareil cas; ce que per-

E 2   soufonne n'entendra , fans le reconnoître auffi-tôt en foi.

Les grands intérêts, les grandes paffions. Voilà la fource des grands difcours , des difcours vrais. Prefque tous les hommes parlent bien en mourant.

Ce que j'aime dans la fcene de Clairville, c'eft qu'il n'y a précifément que ce que la paffion infpire, quand elle eft extrême. La paffion s'attache à une idée principale. Elle fe tait, & elle revient à cette idée , prefque toûjours par exclamation.

La pantomime, fi négligée parmi nous, eft employée dans cette fcene, & vous avez éprouvé vous-même avec quel fuccès!

Nous parlons trop dans nos drames, & conféquemment nos acteurs n'y jouent pas affez. Nous avons perdu un art dont les anciens connoiffoient bien les reffources. Le pantomime joüoit autrefois toutes les conditions, les rois, les héros, les tyrans, les riches, les pauvres, les habitans des villes, ceux de la campagne, choififfant dans chaque état ce qui lui eft propre ; dans chaque action ce qu'elle a de frappant. Le philofophe Timocrate qui affiftoit un jour à ce fpectacle, d'où la févérité de fon caractere l'avoit toûjours éloigné, difoit, *quali fpectaculo me philofophiæ verecundia privavit!* ,, Timocrate avoit une mauvaife honte, & elle a privé le philofophe d'un grand plaifir". Le cynique Demetrius en attribuoit tout l'effet aux inftrumens, aux voix, & à la décoration, en préfence d'un pantomime qui lui répondit: ,, Regarde-moi jouer feul, & dis après cela de ,, mon art tout ce que tu voudras"? Les flûtes fe taifent. Le pantomime joue; & le philofophe tranfporté s'écrie: *Je ne te vois pas feulement. Je t'entends. Tu me parles des mains.*

Quel

Quel effet cet art joint au discours ne produiroit-il pas? Pourquoi avons-nous séparé ce que la nature a joint? A tout moment, le geste ne répond-il pas au discours? Je ne l'ai jamais si bien senti qu'en écrivant cet ouvrage. Je cherchois ce que j'avois dit, ce qu'on m'avoit répondu; & ne trouvant que des mouvemens, j'écrivois le nom du personnage, & au-dessous son action Je dis à Rosalie, Acte 2. scene 2. *S'il etoit arrivé que votre cœur surpris... fût entraîné par un penchant... J'ai connu cet état cruel... Que je vous plaindrois!*

Elle me répond... *Plaignez-moi donc...* Je la plains, mais c'est par le geste de commisération; & je ne pense pas qu'un homme qui sent, eût fait autre chose. Mais combien d'autres circonstances où le silence est forcé? Votre conseil exposeroit-il celui qui le demande, à perdre la vie, s'il le suit; l'honneur, s'il ne le suit pas? Vous ne serez ni cruel, ni vil. Vous marquerez votre perplexité par le geste, & vous laisserez l'homme se déterminer.

Ce que je vis encore dans cette scene. C'est qu'il y a des endroits qu'il faudroit presqu'abandonner à l'acteur. C'est à lui à disposer de la scene écrite, à répéter certains mots, à revenir sur certaines idées, à en retrancher quelques-unes, & à en ajouter d'autres. Dans les *cantabile*, le musicien laisse à un grand chanteur un libre exercice de son goût & de son talent. Il se contente de lui marquer les intervalles principaux d'un beau chant. Le poëte en devroit faire autant, quand il connoît bien son acteur. Qu'est-ce qui nous affecte dans le spectacle de l'homme animé de quelques grandes passions? Sont-ce ses discours? Quelquefois. Mais ce qui émeut toûjours, ce sont des cris, des mots inarticulés, des voix rompues, quelques

E 3   ques

ques monofyllabes qui s'échappent par intervalles, je ne fais quel murmure dans la gorge, entre les dents. La violence du fentiment coupant
la refpiration & portant le trouble dans l'efprit, les fyllabes des mots fe féparent, l'homme
paffe d'une idée à une autre. Il commence une
multitude de difcours. In n'en finit aucun, &
à l'exception de quelques fentimens qu'il rend
dans le premier accès, & auxquels il revient
fans ceffe, le refte n'eft qu'une fuite de bruits
foibles & confus, de fons expirans, d'accens
étouffés que l'acteur connoît mieux que le poè-
te. La voix, le ton, le gefte, l'action, voilà
ce qui appartient à l'acteur; & c'eft ce qui
nous frappe fur-tout dans le fpectacle des grandes paffions. C'eft l'acteur qui donne au difcours tout ce qu'il a d'énergie. C'eft lui qui
porte aux oreilles la force & la vérité de l'accent.

,, J'ai penfé quelquefois que les difcours des
,, amans bien épris n'étoient pas des chofes à
,, lire, mais des chofes à entendre. Car, me
,, fois-je, ce n'eft pas l'expreffion, je vous ai-
,, me, qui a triomphé des rigueurs d'une pru-
,, de, des projets d'une coquette, de la vertu
,, d'une femme fenfible. C'eft le tremblement
,, de voix avec lequel il fut prononcé, les lar-
,, mes, les regards qui l'accompagnèrent. Cette
,, idée revient à la vôtre''.

C'eft la même. Un ramage oppofé à ces vraies
voix de la paffion, c'eft ce que nous appellons
des *tirades*. Rien n'eft plus applaudi, & de plus
mauvais goût. Dans une repréfentation dramatique, il ne s'agit non plus du fpectateur que
s'il n'exiftoit pas. Y a-t-il quelque chofe qui
s'adreffe à lui? L'auteur eft forti de fon fujet.
L'acteur entraîné hors de fon rôle. Ils defcen-
dent tous les deux du théâtre. Je les vois dans
le

le parterre; & tant que dure la tirade, l'action
est suspendue pour moi, & la scene reste
vuide.

Il y a dans la composition d'une Piece dramatique une unité de discours qui correspond
à une unité d'accens dans la déclamation. Ce
sont deux systèmes qui varient, je ne dis pas
de la comédie à la tragédie, mais d'une comédie ou d'une tragédie à une autre. S'il en étoit
autrement, il y auroit un vice ou dans le poëme, ou dans la représentation. Les personnages n'auroient pas entr'eux la liaison, la convenance à laquelle ils doivent être assujettis,
même dans les contrastes. On sentiroit dans la
déclamation des dissonances qui blesseroient.
On reconnoîtroit dans le poëme un être qui ne
seroit pas fait pour la société dans laquelle on
l'auroit introduit.

C'est à l'acteur à sentir cette unité d'accens.
Voilà le travail de toute sa vie. Si ce tact lui
manque, son jeu sera tantôt foible, tantôt ou-
tré, rarement juste, bon par endroits, mauvais
dans l'ensemble.

Si la fureur d'ête applaudi s'empare d'un acteur, il exagere. Le vice de son action se répand sur l'action d'un autre. Il n'y a plus d'u-
nité dans la déclamation de son rôle. Il n'y
en a plus dans la déclamation de la Piece. Je
ne vois bien-tôt sur la scene qu'une assemblée
tumultueuse où chacun prend le ton qui lui
plaît, l'ennui s'empare de moi, mes mains se
portent à mes oreilles, & je m'enfuis.

Je voudrois bien vous parler de l'accent propre à chaque passion. Mais cet accent se mo-
difie en tant de manieres, c'est un sujet si fugi-
tif & si délicat, que je n'en connois aucun qui
fasse mieux sentir l'indigence de toutes les langues qui existent & qui ont existé. On a une
E 4   idée

idée jufte de la chofe ; elle eft préfente à la mémoire. Cherche-t-on l'expreffion ? On ne la
trouve point. On combine les mots de grave
& d'aigu, de prompt & de lent, de doux & de
fort ; mais le réfeau toujours trop lâche ne retient rien. Qui eft-ce qui pourroit décrire la
déclamation de ces deux vers?

Les a-t-on vûs fouvent fe parler? fe chercher
Dans le fond des forêts alloient-ils fe cacher?

C'eft un mélange de curiofité, d'inquiétude,
de douleur, d'amour, & de honte, que le plus
mauvais tableau me peindroit mieux que le meilleur difcours.

„ C'eft une raifon de plus pour écrire la pan-
„ tomime „.

Sans doute. L'intonation & le gefte fe déter-
minent réciproquement.

„ Mais l'intonation ne peut fe noter, & il
„ eft facile d'écrire de gefte „.

Dorval fit une paufe en cet endroit. Enfuite
il dit :

Heureufement une actrice d'un jugement borné, d'une pénétration commune, mais d'une
grande fenfibilité, faifit fans peine une fituation
d'ame, & trouve, fans y penfer, l'accent qui
convient à plufieurs fentimens différens qui fe
fondent enfemble, & qui conftituent cette fituation que toute la fagacité du philofophe n'a-
nalyferoit pas.

Les Poëtes, les Acteurs, les Muficiens, les
Peintres, les Chanteurs du premier ordre, les
grands Danfeurs, les Amans tendres, les vrais
Dévots, toute cette enthoufiafte & paffionnée
fent vivement & réfléchit peu.

Ce n'eft pas le précepte ; c'eft autre chofe de
plus immédiat, de plus intime, de plus obfcur,

&

& de plus certain, qui les guide & qui les éclai-
re. Je ne peux vous dire quel cas je fais d'un
grand acteur, d'une grande actrice. Combien
je serois vain de ce talent, si je l'avois. Isolé
sur la surface de la terre, maître de mon sort,
libre de préjugés, j'ai voulu une fois être comédien ; & qu'on me réponde du succès de
Quinault Dufresne, & je le suis demain. Il n'y
a que la médiocrité qui donne du dégoût au
théâtre, & dans quelque état que ce soit, que
les mauvaises mœurs qui deshonorent. Au-dessous de Racine & de Corneille, c'est Baron,
la Desmares, la de Seine, que je vois, audes-
sous de Moliere & de Regnard, Quinault l'aîné
& sa sœur.

J'étois chagrin, quand j'allois aux spectacles,
& que je comparois l'utilité des théâtres avec le
peu de soin qu'on prend à former les troupes.
Alors je m'écrois : ,, *Ah, mes amis, si nous al-*
,, *lons jamais à la Lampedouse* * *fonder loin de*
,, *la*

---

* La Lampedouse est une petite île déserte de la mer
d'Afrique, située à une distance presqu'égale de la côte
de Tunis & de l'île de Malthe. La Pêche y est excellente.
Elle est couverte d'oliviers sauvages. Le terrein en seroit fertile. Le froment & la vigne y réussiroient : cependant elle n'a jamais été habitée que par un marabou
& par un mauvais prêtre. Le marabou qui avoit enlevé
sa fille du bey d'Alger, s'y étoit refugié avec sa maîtresse, & ils y accomplissoient l'œuvre de leur salut.
Le prêtre appellé frere Clément, a passé 10 ans à la
Lampedouse, & y vivoit encore il n'y a pas long-tems.
Il avoit des bestiaux. Il cultivoit la terre. Il renfermoit
sa provision dans un soûterrein, & il alloit vendre le
reste sur les côtes voisines où il se livroit au plaisir,
tant que son argent duroit. Il y a dans l'île une petite
église divisée en deux chapelles que les Mahométans ré-
verent comme les lieux de la sépulture du saint marabou & de la maîtresse. Frere Clément avoit consacré
l'une à Mahomet, & l'autre à la sainte Vierge. Voyoit-
il arriver un vaisseau chrétien, il allumoit la lampe de

la

» la terre, au milieu des flots de la mer, un pe-
» tit peuple d'heureux! ce seront là nos prédica-
» teurs, & nous les choisirons sans doute selon
» l'importance de leur ministere. Tous les peuples
» ont leurs sabbaths, & nous aurons aussi les nô-
» tres. Dans ces jours solemnels, on représentera
» une belle tragédie, qui apprenne aux hommes à
» redouter les passions; une bonne comédie qui les
» instruise de leurs devoirs, & qui leur en inspire
» le goût".

» Dorval, j'espere qu'on n'y verra pas la lai-
» deur joüer le rôle de la beauté?".

Je le pense. Quoi donc, n'y a-t-il pas dans
un ouvrage dramatique assez de suppositions
singulieres auxquelles il faut que je me prête,
sans éloigner encore l'illusion par celles qui con-
tredisent & choquent mes sens?

» A vous dire vrai. J'ai quelquefois regretté
» les masques des anciens; & j'aurois, je crois,
» supporté plus patiemment les éloges données
» à un beau masque qu'à un visage déplai-
» sant".

Et le contraste des mœurs de la Piece avec
celles de la personne, vous a-t-il moins cho-
qué?

» Quelquefois le spectateur n'a pu s'empê-
» cher d'en rire, & l'actrice d'en rougir".

Non, je ne connois point d'état qui deman-
dât des formes plus exquises, ni des mœurs plus
honnêtes que le Théatre.

» Mais nos sots préjugés ne nous permettent
» pas d'être bien difficiles.

Mais nous voila bien loin de ma Piece. Où
en étions-nous?

» A

la Vierge. Si le vasseau étoit mahométan, vite il souf-
floit la lampe de la Vierge, & il allumoit pour Mahomet.

„ A la fcene d'André".

„ Je vous demande graces pour cette fcene. J'aime cette fcene, parce qu'elle eft d'une impar-
tialité tout-à-fait honnête & cruelle.

„ Mais elle coupe la marche de la Piéce, &
„ rallentit l'intérêt".

Je ne la lirai jamais fans plafir. Puiffent nos
ennemis la connoître, en faire cas, & ne la
relire jamais fans peine. Que je ferois heureux,
fi l'occafion de peindre un malheur domeftique,
avoit encore été pour moi celle de repouffer
l'injure d'un peuple jaloux, d'une manière à laquelle ma nation pût fe reconnoître, & qui ne
laiffât pas même à la nation ennemie la liberté
de s'en offenfer.

„ La fcene eft pathétique, mais longue".

Elle eût été & plus pathétique & plus longue, fi j'en avois voulu croire André. *Monfieur*, me dit-il, après en avoir pris lecture.
*voilà qui eft fort bien; mais il y a un petit dé-
faut : c'eft que cela n'eft pas tout-à-fait dans la
vérité. Vous dites, par exemple, qu'arrivé dans
le port ennemi, lorfqu'on me fépara de mon maître, je l'appellai plufieurs fois, mon maître, mon
cher maître, qu'il me regarda fixement, laiffa
tomber fes bras, fe retourna, & fuivit fans parler ceux qui l'environnoient.*

*Ce n'eft pas cela. Il falloit dire que, quand je
l'eus appellé, mon maître, mon cher maître, il
m'entendit, fe retourna, me regarda fixement,
que fes mains fe portèrent d'elles-mêmes à fes
poches; & que, n'y trouvant rien, car l'Anglois
avide n'y avoit rien laiffé, il laiffa tomber fes
bras triftement, que fa tête s'inclina vers moi
d'un mouvement de compaffion froide; qu'il fe retourna, & fuivit fans parler ceux qui l'environnoient. Voilà le fait.*

Ailleurs, vous paffez de votre autorité une des

E 6   *cho-*

choſes qui marquent le plus la bonté de feu Monſieur votre pere. Cela eſt fort mal. Dans la pri-
ſon, lorſqu'il ſentit ſes bras nuds mouillés de mes
larmes, il me dit : ,, Tu pleures, André! Par-
,, donne, mon ami. C'eſt moi qui t'ai entraîné
,, ici. Je le ſais. Tu es tombé dans le malheur à
,, ma ſuite…" Voilà-t-il pas que vous pleurez
vous-même! Cela étoit donc bon à mettre.

Dans un autre endroit, vous faites encore pis.
Lorſqu'il m'eut dit : Mon enfant, prends courage, tu ſortiras d'ici. Pour moi, je ſens à ma
foibleſſe qu'il faut que j'y meure. Je m'aban-
donnai à toute ma douleur, & je fis retentir le
cachot de mes cris. Alors votre pere me dit :
,, André, ceſſe ta plainte. Reſpecte la volonté
,, du Ciel & le malheur de ceux qui ſont à tes
,, côtés, & qui ſouffrent en ſilence"… Et
où eſt-ce que cela eſt ?

Et l'endroit du Correſpondant ? Vous l'avez ſi
bien brouillé que je n'y entends plus rien. Votre
pere me dit, comme vous l'avez rapporté, que cet
homme avoit agi, & que ma préſence auprès de
lui étoit ſans doute le premier de ſes bons offices.
Mais il ajoûta : ,, Oh, mon enfant, quand
,, Dieu ne m'auroit accordé que la conſolation
,, de t'avoir dans ces momens cruels, combien
,, n'aurois-je pas de graces à lui rendre"? Je
ne trouve rien de cela dans votre papier. Monſieur, eſt-ce qu'il eſt défendu de prononcer ſur la
ſcéne le nom de Dieu, ce nom ſaint que votre
pere avoit ſi ſouvent à la bouche ?… Je ne
crois pas, André !… Eſt-ce que vous avez
appréhendé qu'on ſût que votre pere étoit chrétien ?… Nullement, André. La morale
du chrétien eſt ſi belle! Mais pourquoi cette
queſtion?… Entre nous, on dit…. Quoi?…
que vous êtes… un peu…. eſprit fort; & ſur
les endroits que vous avez retranchés, j'en croirois

rois quelque chose. . . . . André , je ferois obligé
d'en être d'autant meilleur citoyen & plus honnête homme. . . . Monfieur , vous êtes bon ; mais
n'allez pas vous imaginer que vous valiez Monfieur votre pere. Cela viendra peut-être un jour. . .
André , eft-ce-là tout ? . . . J'aurois bien encore
un mot à vous dire ; mais je n'ofe. . . . Vous pouvez parler. . . . . Puifque vous me le permettez ,
vous êtes un peu bref fur les bons procedés de l'Anglois qui vint à notre fecours. Monfieur , il y a
d'honnêtes gens par-tout. . . Mais vous êtes bien
changé de ce que vous avez été, fi ce qu'on dit
encore de vous eft vrai. . . . Et qu'eft-ce qu'on dit
encore ? . . . Que vous avez été fou de ces gens-
là. . . André ! . . que vous regardiez leur pays
comme l'afyle de la liberté , la patrie de la vertu , de l'invention , de l'originalité. . . . André ! . .
A préfent cela vous ennuie. Eh bien , n'en parlons
plus. Vous avez dit que le Correfpondant , voyant
Monfieur votre pere tout nud , fe dépouilla & le
couvrit de fes vêtemens. Cela eft fort bien. Mais
il ne falloit pas oublier qu'un de fes gens en fit
autant pour moi. Ce filence , Monfieur , retom-
beroit fur mon compte , & me donneroit un air
d'ingratitude que je ne veux point avoir , abfolument.

Vous voyez qu'André n'étoit pas tout-à-fait
de votre avis. Il vouloit la fcene comme elle s'eft paffée. Vous la voulez comme il convient à l'ouvrage ; & c'eft moi feul qui ai
tort , de vous avoir mécontentés tous les deux.

,, Qui le faifoit mourir dans le fond d'un ca-
,, chot fur les haillons de fon valet ! eft un mot
,, dur."

C'eft un mot d'humeur. Il échappe à un
mélancolique qui a pratiqué la vertu toute fa
vie , qui n'a pas encore eu un moment de bonheur.

E 7

heur, & à qui l'on raconte les infortunes d'un homme de bien.

„ Ajoûtez que cet homme de bien est peut-
„ être son père, & que ces infortunes détrui-
„ sent les espérances de son ami, jettent sa maî-
„ tresse dans la misere, & ajoûtent une amer-
„ tume nouvelle à sa situation. Tout cela sera
„ vrai. Mais vos ennemis „ ?

S'ils ont jamais connoissance de mon ouvrage , le public sera leur juge & le mien. On
leur citera cent endroits de Corneille, de Racine, de Voltaire, & de Crebillon, où le caractere & la situation amenent des choses plus
fortes, qui n'ont jamais scandalisé personne. Ils
resteront sans réponse ; & l'on verra, ce qu'ils
n'ont garde de déceler, que ce n'est point l'a-
mour du bien qui les anime, mais la haine de
l'homme qui les dévore.

„ Mais qu'est-ce que cet André ? Je trouve
„ qu'il parle trop bien pour un domestique,
„ & je vous avoue qu'il y a dans son récit
„ des endroits qui ne seroient point indignes
„ de vous.„

Je vous l'ai déja dit. Rien ne rend éloquent
comme le malheur. André est un garçon qui
a eu de l'éducation, mais qui a été, je crois,
un peu libertin dans sa jeunesse. On le fit passer aux Isles, où mon pere, qui se connoissoit
en hommes, se l'attacha, le mit à la tête de
ses affaires, & s'en trouva bien. Mais suivons
vos observations. Je crois appercevoir un petit trait à côté du monologue qui termine
l'acte.

„ Cela est vrai. „
Qu'est-ce qu'il signifie ?
„ Qu'il est beau, mais d'une longueur insup-
„ portable. „

Eh

Eh bien, raccourciſſons. Voyons. Que voulez-vous en retrancher?

„ Je n'en ſais rien.”

„ Cependant il eſt long.

„ Vous m'embarraſſerez tant qu'il vous plai-
„ ra. Mais vous ne détruirez pas la ſenſa-
„ tion.”

„ Peut-être.

„ Vous me ferez grand plaiſir.”

„ Je vous demanderai ſeulement comment vous
l'avez trouvé dans le ſalon.

„ Bien. Mais je vous demanderai à mon
„ tour, comment il arrive que ce qui m'a pa-
„ ru court à la repréſentation, me paroiſſe long
„ à la lecture.”

C'eſt que je n'ai point écrit la pantomime,
& que vous ne vous l'êtes point rappellée.
Nous ne ſavons point encore juſqu'où la pantomime peut influer ſur la compoſition d'un
ouvrage dramatique & ſur la repréſentation.

„ Cela peut être.”

Et puis je gage que vous me voyez encore
ſur la ſcene françoiſe, au théatre.

„ Vous croyez donc que votre ouvrage ne
„ réuſſiroit point au théatre?”

Difficilement. Il faudroit ou élaguer en quelques endroits le dialogue, ou changer l'action
théatrale & la ſcene.

„ Qu'appellez-vous changer la ſcene?”

En ôter tout ce qui reſſerre un lieu déjà trop
étroit. Avoir des décorations. Pouvoir exécuter d'autres tableaux que ceux qu'on voit depuis cent ans, en un mot tranſporter au théatre
le ſalon de Clairville, comme il eſt.

„ Il eſt donc bien important d'avoir une
„ ſcene?”

Sans doute. Songez que le ſpectacle françois comporte autant de décorations que le théatre

tre lyrique ; & qu'il en offriroit de plus agréables, parce que le monde enchanté peut amuser des enfans, & qu'il n'y a que le monde réel qui plaise à la raison.... Faute de scene, on n'imaginera rien. Les hommes qui auront du génie se dégoûteront. Les auteurs médiocres réussiront par une imitation servile. On s'attachera de plus en plus à de petites bienséances, & le goût national s'appauvrira. ... Avez-vous vû la sale de Lyon ? Je ne demanderois qu'un pareil monument dans la capitale, pour faire éclore une multitude de poemes, & produire peut-être quelques genres nouveaux.

„ Je n'entends pas. Vous m'obligerez de vous „ expliquer davantage. ”

Je le veux.

Que ne puis-je rendre tout ce que Dorval me dit, & de la maniere dont il le dit ? Il débuta gravement. Il s'échauffa peu à-peu. Ses idées se presserent ; & il marchoit sur la fin avec tant de rapidité, que j'avois peine à le suivre. Voici ce que j'ai retenu.

Je voudrois bien (dit-il d'abord) persuader à ces esprits timides qui ne connoissent rien au-delà de ce qui est, que si les choses étoient autrement, ils les trouveroient également bien, & que l'autorité de la raison n'étant rien devant eux, en comparaison de l'autorité du tems, ils approuveroient ce qu'ils reprennent, comme il leur est souvent arrivé de reprendre ce qu'ils avoient appouvé. Pour bien juger dans les beaux Arts, il faut réunir plusieurs qualités rares !.... Un grand goût suppose un grand sens, une longue expérience, une ame honnête & sensible, un esprit élevé, un tempérament un peu mélancolique, & des organes délicats......

Après un moment de silence, il ajoûta.

Je

● Je ne demanderois pour changer la face du genre dramatique, qu'un théatre très-étendu, où l'on montât, quand le sujet d'une piece l'exigeroit, une grande place avec les édifices adjacens, tels que le périſtile d'un palais, l'entrée d'une temple, différens endroits diſtribués de maniere que le ſpectateur vît toute l'action, qu'il y en eût une partie de cachée pour les acteurs.

Telle fut ou put être autrefois la ſcene des Eumenides d'Eſchyle. D'un côté, c'étoit un eſpace ſur lequel les Furies déchaînées cherchoient Oreſte qui s'étoit dérobé à leur pourſuite, tandis qu'elles étoient aſſoupies De l'autre, on voyoit le coupable le front ceint d'un bandeau, embraſſant les pieds de la ſtatue de Minerve, & implorant ſon aſſiſtance. Ici, Oreſte adreſſe ſa plainte à la Déeſſe. Là, les Furies s'agitent; elles vont, elles viennent, elles courent. Enfin une d'entr'elles s'écrie : ,, Voici la trace du ſang que le parricide a ,, laiſſée ſur ſes pas... Je le ſens.... Je le ,, ſens". Elle marche. Ses ſœurs impitoyables la ſuivent. Elles paſſent de l'endroit où elles étoient, dans l'aſyle d'Oreſte. Elles l'environnent en pouſſant des cris, en frémiſſant de rage, en ſecoüant leurs flambeaux. Quel moment de terreur & de pitié, que celui où l'on entend la priere & les gémiſſemens du malheureux percer à-travers les cris & les mouvemens effroyables des êtres cruels qui le cherchent! Exécuterons-nous rien de pareil ſur nos théatres? On n'y peut jamais montrer qu'une action, tandis que dans la nature il y en a preſque toûjours de ſimultanées, dont les repréſentations concommitantes ſe fortifiant réciproquement, produiroient ſur nous des effets terribles. C'eſt alors qu'on trembleroit
d'al-

d'aller au fpectacle, & qu'on ne pourroit s'en
empêcher; c'eft alors qu'au lieu de ces petites
émotions paffageres, de ces froids applaudiffe-
mens, de ces larmes rares dont le poëte fe
contente, il renverferoit les efprits, il porte-
roit dans les ames le trouble & l'épouvante,
& que l'on verroit ces phénomenes de la tragédie ancienne, fi poffibles & fi peu crûs, fe
renouveller parmi nous. Ils attendent, pour
fe montrer, un homme de génie qui fache
combiner la pantomime avec le difcours, en-
tremêler une fcene parlée avec une fcene mue-
te, & tirer parti de la réunion des deux fcenes, & fur tout de l'approche ou terrible ou
comique de cette réunion qui fe feroit toujours. Après que les Eumenides fe font mon-
trées fur la fcene, elles arrivent dans le fanc-
tuaire où le coupable s'eft refugié, & les deux
fcenes n'en font qu'une.

,, Deux fcenes alternativement muettes &
,, parlées. Je vous entens. Mais la confu-
,, fion?"

Une fcene muette eft un tableau, c'eft une
décoration animée. Au théatre lyrique, le plaifir de voir nuit-il au plaifir d'entendre?

,, Non "..... Mais feroit-ce ainfi qu'il fau-
,, droit entendre qu'on nous raconte de ces
,, fpectacles anciens où la mufique, la décla-
,, mation & la pantomime étoient tantôt réunies
,, & tantôt féparées?"

Quelquefois. Mais cette difcuffion nous éloi-
gneroit. Attachons nous à notre fujet. Voyons
ce qui feroit poffible aujourd'hui, & prenons
un exemple domeftique & commun.

Un pere a perdu fon fils dans un combat fin-
gulier. C'eft la nuit. Un domeftique témoin
du combat vient annoncer cette nouvelle. Il
entre dans l'appartement du pere malheureux
qui

qui dormoit. Il se promene. Le bruit d'un homme qui marche l'éveille. Il demande qui c'est... C'est moi, Monsieur, lui répond le domestique d'une voix altérée,... Eh bien, qu'est-ce qu'il y a? ... Rien... Comment rien?... Non, Monsieur.... Cela n'est pas. Tu trembles. Tu détournes la tête. Tu évites ma vûe. Encore un coup, qu'est-ce qu'il y a? Je veux le savoir. Parle. Je te l'ordonne.... Je vous dis, Monsieur, qu'il n'y a rien, lui répond encore le domestique, en versant des larmes.... Ah, malheureux, s'écrie le pere, en s'élançant du lit sur lequel il reposoit. Tu me trompes. Il est arrivé quelque grand malheur.... Ma femme est-elle morte?.... Non, Monsieur.... Ma fille?... Non, Monsieur... C'est donc mon fils?... Le domestique se tait. Le pere entend son silence. Il se jette à terre. Il remplit son appartement de sa douleur & de ses cris. Il fait, il dit tout ce que le desespoir suggere à un pere qui perd son fils, l'espérance unique de sa famille.

Le même homme court chez la mere. Elle dormoit aussi. Elle se réveille au bruit de ses rideaux tirés avec violence. Qu'y a-t-il? demande-t-elle.... Madame, le malheur le plus grand. Voici le moment d'être chrétienne. Vous n'avez plus de fils.... Ah Dieu! s'écrie cette mere affligée. Et prenant un Christ qui étoit à son chevet, elle le serre entre ses bras. Elle y colle sa bouche. Ses yeux fondent en larmes. Et ces larmes arrosent son Dieu cloué sur une croix.

Voilà le tableau de la femme pieuse. Bientôt nous verrons celui de l'épouse tendre & de la mere désolée. Il faut à une ame où la religion domine les mouvemens de la nature, une
se-

secousse plus forte pour en arracher de vérita-
bles voix.

Cependant on avoit porté dans l'appartement
du pere, le cadavre de sons fils, & il s'y pas-
soit une scene de desespoir, tandis qu'il se faisoit une pantomime de piété chez la mere.

Vous voyez comment la pantomime & la
declamation changent alternativement de lieu.
Voilà ce qu'il faut substituer à nos *à parte*. Mais
le moment de la réunion des scences approche.
La mere, conduite par le domestique, s'avance
vers l'appartement de son époux... Je demande ce que devient le spectateur pendant ce mouvement?... C'est un époux, c'est un pere étendu sur le cadavre d'un fils, qui va frapper les
regards d'une mere!... Mais elle a traversé
l'espace qui sépare les deux scenes. Des cris la-
mentables ont atteint son oreille. Elle a vu. Elle
se rejette en arriere. La force l'abandonne, &
elle tombe sans sentiment entre les bras de celui
qui l'accompagne. Bientôt la bouche se remplira de sanglots. *Tum veræ voces.*

Il y a peu de discours dans cette action; mais
un homme de génie qui aura à remplir les intervalles vuides, n'y répandra que quelques monosyllabes. Il jettera ici une exclamation, là
un commencement de frase. Il se permettra
rarement un discours suivi, quelque court qu'il
soit.

Voilà de la tragédie; mais il faut pour ce genre, des auteurs, des acteurs, un théatre, &
peut-être un peuple.

„ Quoi, vous voudriez, dans une tragédie,
„ un lit de repos, une mere, un pere endor-
„ mis; un crucifix; un cadavre; deux scenes
„ alternativement muettes & parlées! Et les bien-
„ séances"!

Ah bienséances cruelles, que vous rendez les
ou-

ouvrages décens & petits ! . . . Mais, ajoûta
Dorval d'un sang froid qui me surprit, ce que
je propose ne se peut donc plus ?

„ Je ne crois pas que nous en venions jamais
„ là".

Eh bien, tout est perdu ! Corneille, Racine, de Voltaire, Crebillon, ont reçû les plus
grands applaudissemens auxquels des hommes de
génie pouvoient prétendre, & la tragédie est
arrivée parmi nous au plus haut degré de perfection.

Pendant que Dorval parloit ainsi, je faisois
une réflexion singuliere. C'est comment à l'occasion d'une avanture domestique, qu'il avoit
mise en comédie, il établissoit des préceptes
communs à tous les genres dramatiques, & étoit
toûjours entraîné par sa mélancolie, à ne les ap-
pliquer qu'à la tragédie.

Après un moment de silence, il dit :

Il y a cependant une ressource. Il faut espérer que quelque jour un homme de génie sen-
tira l'impossibilité d'atteindre ceux qui l'ont précédé dans une route battue, & se jettera de dépit dans une autre. C'est le seul évenement
qui puisse nous affranchir de plusieurs préjugés
que la Philosophie a vainement attaqués. Ce
ne sont plus des raisons, c'est une production
qu'il nous faut.

„ Nous en avons une".

Quelle ?

„ Sylvie, tragédie en un acte, & en prose".
Je la connois C'est le Jaloux, tragédie. L'ouvrage est d'un homme qui pense & qui sent.

„ La scene s'ouvre par un tableau charmant.
„ C'est l'intérieur d'une chambre dont on ne
„ voit que les murs. Au fond de la chambre,
„ il y a sur une table, une lumiere, un pot à
„ l'eau & un pain. Voila le séjour & la nour-
„ ri-

„ riture qu'un mari jaloux deftine, pour le ref-
„ te de fes jours, à une femme innocente dont
„ il a foupçonné la vertu".

„ Imaginez à-préfent cette femme en pleurs,
„ devant cette table. Mademoifelle Gauffin".

Et vous, jugez de l'effet des tableaux par celui que vous me citez. Il y a dans la Piece d'autres détails qui m'ont plû. Elle fuffit pour con-
vertir un peuple.

En cet endroit Dorval s'écria : „ O toi qui
„ poffedes toute la chaleur du génie à un âge
„ où il refte à peine aux autres une froide rai-
„ fon, que ne puis-je être à tes côtés, ton Eu-
„ menide ? Je t'agiterois fans relâche. Tu le
„ ferois cet ouvrage ; je te rappellerois les lar-
„ mes que nous a fait répandre la fcene de l'En-
„ fant Prodigue & de fon valet ; & en difpa-
„ roiffant d'entre nous, tu ne nous laifferois
„ pas le regret d'un genre dont tu pouvois être
„ le fondateur".

„ Et ce genre, comment l'appellerez vous ?

La tragédie domeftique & bourgeoife. Les
Anglois ont le Marchand de Londres & le
Joüeur, tragédies en profe. Les tragédies de
Shakefpear font moitié vers & moitié profe. Le
premier poëte qui nous fit rire avec de la profe,
introduifit la profe dans la comédie. Le premier poëte qui nous fera pleurer avec de la profe, introduira la profe dans la tragédie.

Mais dans l'art, ainfi que dans la nature,
tout eft enchaîné ; fi l'on fe rapproche d'un côté de ce qui eft vrai, on s'en rapprochera de
beaucoup d'autres. C'eft alors que nous verrons
fur la fcene des fituations naturelles qu'une décence ennemie du génie & des grands effets a
profcrites. Je ne me lafferai point de crier à
nos François : La Vérité ! La Nature ! Les Anciens ! Sophocle ! Philoctete ! Le poëte l'a montré

tré sur la scene, couché à l'entrée de sa caverne & couvert de lambeaux déchirés. Il s'y rou-
le. Il y éprouve une attaque de douleur. Il y
fait entendre des voix inarticulées. La décoration étoit sauvage; la piece marchoit sans ap-
pareil. Des habits vrais, des discours vrais,
une intrigue simple & naturelle. Notre goût seroit bien dégradé, si ce spectacle ne nous af-
fectoit pas davantage que celui d'un homme
richement vêtu, apprêté dans sa parure.

„ Comme s'il sortoit de sa toilette".

Se promenant à pas comptés sur la scene, &
battant nos oreilles de ce qu'Horace appelle *am-
pullas & sesquipedalia verba*, des sentences, des
bouteilles soufflées, des mots longs d'un pied &
demi.

Nous n'avons rien épargné pour corrompre
le genre dramatique. Nous avons conservé des
anciens l'emphase de la versification qui convenoit tant à des langues à quantité forte & à accent marqué, à des théatres spacieux, à une déclamation notée & accompagnée d'instrumens;
& nous avons abandonné la simplicité de l'intrigue & du dialogue, & la vérité des tableaux.

Je ne voudrois pas remettre sur la scene les
grands socs & les hauts cothurnes, les habits co-
lossals, les masques, les portevoix, quoique toutes ces choses ne fussent que les parties nécéssai-
res d'un systême théatral. Mais n'y avoit-il pas
dans ce systême des côtés précieux, & croyez-
vous qu'il fût à-propos d'ajoûter encore des en-
traves au génie, au moment où il se trouvoit
privé d'une grande ressource?

„ Quelle ressource"?

Le concours d'un grand nombre de spectateurs.

Il n'y a plus, à proprement parler, de spectacles publics. Quel rapport entre nos assem-
blées

blées au théatre dans les jours les plus nombreux, & celles du peuple d'Athenes ou de Rome ? Les théatres anciens recevoient jusqu'à
quatre-vingt mille citoyens. La scene de Scau-
rus étoit décorée de trois cents soixante colon-
nes & de trois mille statues. On employoit à
la construction des édifices tous les moyens de
faire valoir les instrumens & les voix. On en
avoit l'idée d'un grand instrument. *Uti enim or-*
gana æneis laminis aut corneis, &c. ... ad chor-
darum, sonituum claritatem perficiuntur. Sic thea-
trorum per harmonicen, ad augendam vocem, ra-
tiocinationes ab antiquis sunt constitutæ.

En cet endroit, j'interrompis Dorval, & je
lui dis: J'aurois une petite avanture à vous raconter sur nos salles de spectacles.

Je vous la demanderai, me répondit-il, & il
continua.

Jugez de la force d'un grand concours de
spectateurs par ce que vous savez, vous même
de l'action des hommes les uns sur les autres, &
de la communication des passions dans les émeu-
tes populaires. Quarante à cinquante mille
hommes ne se contiennent pas par décence. Et
s'il arrivoit à un grand personnage de la république de verser une larme, quel effet croyez-vous
que sa douleur dût produire sur le reste des spectateurs? Y a-t-il rien de plus pathétique que la
douleur d'un homme vénérable?

Celui qui ne sent pas augmenter sa sensation
par le grand nombre de ceux qui la partagent,
a quelque vice secret; il y a dans son caractere je ne sais quoi de solitaire qui me déplaît.

Mais si le concours du grand nombre d'hommes devoit ajoûter à l'émotion du spectateur,
quelle influence ne devoit-il point avoir sur les
acteurs? Quelle différence entre amuser tel jour,
depuis telle jusqu'à telle heure, dans un petit
en-

endroit obscur , quelques centaines de personnes , ou fixer l'attention d'une nation entiere dans ses jours solemnels , occuper ses édifices les plus somptuex , & voir ces édifices environnés & remplis d'une multitude innombrable, dont l'amusement ou l'ennui va dépendre de notre talent ?

„ Vous attachez bien de l'effet à des circon-
„ stances purement locales".

Celui qu'elles auroient sur moi , & je crois sentir juste.

„ Mais on diroit, à vous entendre , que ce
„ sont ces circonstances qui ont soûtenu &
„ peut-être introduit la poésie & l'emphase au
„ théatre".

Je n'exige pas qu'on admette cette conjecturé. Je demande qu'on l'examine. N'est-il pas assez vraisemblable que le grand nombre des spectateurs auxquels il falloit se faire entendre, malgré le murmure confus qu'ils excitent, méme dans les momens attentifs, a fait élever la voix, détacher les syllabes, soûtenir la prononciation, & sentir l'utilité de la versification? Horace dit du vers dramatique, *vincentem strepitus & natum rebus agendis.* Il est commode pour l'intrigue, & il se fait entendre à-travers le bruit. Mais ne falloit-il pas que l'exagération se répandît en même tems & par la même cause, sur la démarche, le geste & toutes les autres parties de l'action ? De là vint un art qu'on appella la déclamation.

Quoi qu'il en soit. Que la poésie ait fait naître la déclamation theatrale ; que la nécessité de cette déclamation ait introduit, ait soûtenu sur la scene la poésie & son emphase ; ou que ce système formé peu-à-peu ait duré par la convenance de ses parties ; il est certain que tout ce que l'action dramatique a d'énorme se pro-

F

duit

duit & difparoît en même tems. L'acteur laiffe & reprend l'exagération fur la fcene.

Il y a une forte d'unité qu'on cherche fans
s'en appercevoir, & à laquelle on fe fixe, quand
on l'a trouvée. Cette unité ordonne des vêtemens, du ton, du gefte, de la contenance, depuis la chaire placée dans les temples jufqu'aux
treteaux élevés dans les carrefours. Voyez un
charlatan au coin de la place Dauphine ; il eft
bigarré de toutes fortes de couleurs ; fes doigts
font chargés de bagues ; de longues plumes rou-
ges flotent autour de fon chapeau. Il mene avec
lui un finge ou un ours. Il s'éleve fur fes étriers.
Il crie à pleine tête. Il gefticule de la maniere
la plus outrée ; & toutes ces chofes conviennent
au lieu, à l'orateur, & à fon auditoire. J'ai
un peu étudié le fyftème dramatique des anciens. J'efpere vous en entretenir un jour ; vous
expofer fans partialité fa nature, fes défauts, &
fes avantages, & vous montrer que ceux qui
l'ont attaqué, ne l'avoient pas confidéré d'af-
féz près. . . . . Et l'avanture que vous aviez à me
raconter fur nos falles de fpectacles.

,, La voici. J'avois un ami un peu libertin.
,, Il fe fit une affaire férieufe en province ; il
,, fallut fe dérober aux fuites qu'elle pouvoit
,, avoir, en fe réfugiant dans la capitale, & il
,, vint s'établir chez moi. Un jour de fpec-
,, tacle, comme je cherchois à defennuyer mon
,, prifonnier, je lui propofai d'aller au fpecta-
,, cle. Je ne fais auquel des trois. Cela eft
,, indifférent à mon hiftoire. Mon ami accep-
,, te. Je le conduis. Nous arrivons ; mais à
,, l'afpect de ces gardes répandus, de ces pe-
,, tits guichets obfcurs qui fervent d'entrée,
,, & de ce trou fermé d'une grille de fer, par
,, lequel on diftribue les billets, le jeune hom-
,, me s'imagine qu'il eft à la porte d'une maifon
,, de

» de force, & que l'on a obtenu un ordre pour
» pour l'y renfermer... Comme il est brave, il
» s'arrête de pied ferme. Il met la main sur la
» garde de son épée, & tournant sur moi des
» yeux indignés, il s'écrie d'un ton mêlé de fu-
» reur & de mépris, *Ah, mon ami!* Je le com-
» pris. Je le rassurai, & vous conviendrez que
» son erreur n'étoit pas déplacée"...

Mais où en sommes-nous de notre examen,
puisque c'est vous qui m'égarez ? Vous vous
chargez sans doute de me remettre dans la voie.

» Nous en sommes au quatrieme Acte, à vo-
» tre scene avec Constance... Je n'y vois qu'un
» coup de crayon, mais il s'étend depuis la pre-
» miere ligne jusqu'à la derniere".

Qu'est-ce qui vous en a déplu ?

» Le ton d'abord. Il me paroît au-dessus
» d'une femme".

D'une femme ordinaire, je le crois. Mais
vous connoîtrez Constance, & peut-être alors
la scene vous paroîtra-t-elle au dessous d'elle.

» Il y a des expressions, des pensées qui sont
» moins d'elle que de vous".

Cela doit être. Nous empruntons nos expressions, nos idées, des personnes avec lesquel-
les nous conversons, nous vivons. Selon l'estime que nous en faisons (& Constance m'estime beaucoup), notre ame prend des nuances
plus ou moins fortes de la leur. Mon caractere a dû refléter sur le sien, & le sien sur celui de Rosalie.

» Et la longueur ? "

Ah, vous voilà remonté sur la scene. Il y
a long-temps que cela ne vous étoit arrivé.
Vous nous voyez Constance & moi sur le bord
d'une planche, bien droits, nous regardant de
profil, & récitant alternativement la demande
& la réponse. Mais est-ce ainsi que cela se

pas-

paſſoit dans le ſallon ? Nous étions tantôt droits.
Nous marchions quelquefois. Souvent nous
étions arrêtés, & nullement preſſés de voir la
fin d'un entretien qui nous intéreſſoit tous deux
également. Que ne me dit-elle point ? Que ne
lui répondis-je pas ? Si vous ſaviez comment
elle s'y prenoit, lorſque cette ame féroce ſe
fermoit à la raiſon, pour y faire deſcendre les
douces illuſions, & le calme.

„ Dorval, vos filles ſeront honnêtes & dé-
„ centes, vos fils ſeront nobles & fiers. Tous
„ vos enfans ſeront charmans" … Je ne peux
vous exprimer quel fut le préſtige de ces mots
accompagnés d'un ſouris plein de tendreſſe &
de dignité.

„ Je vous comprends.
„ J'entends ces mots de la bouche de Made-
„ moiſelle Clairon, & je la vois".
„ Non, il n'y a que les femmes qui poſſédent
cet art ſecret. Nous ſommes des raiſonneurs
durs & ſecs.

*Ne vaut-il pas mieux encore, me diſoit-elle,
faire des ingrats, que de manquer à faire le bien?*

*Les parens ont pour leurs enfans un amour in-
quiet & puſillanime qui les gâte. Il en eſt un autre attentif & tranquille qui les rend honnêtes;
& c'eſt celui-ci qui eſt le véritable amour de pere.*

*L'ennui de tout ce qui amuſe la multitude, eſt
la ſuite du goût réel pour la vertu.*

*Il y a un tact moral qui s'étend à tout, & que
le méchant n'a point.*

*L'homme le plus heureux eſt celui qui fait le
bonheur d'un plus grand nombre d'autres.*

*Je voudrois être mort, eſt un ſouhait fréquent
qui prouve du-moins quelquefois qu'il y a des choſes plus précieuſes que la vie.*

*Un honnête homme eſt reſpecté de ceux même
qui ne le ſont pas, fût il dans une autre planete.*

Les

Les paſſions détruiſent plus de préjugés que la Philoſophie. Et comment le menſonge leur réſiſteroit-il ? Elles ébranlent quelquefois la vérité.

Elle me dit un autre mot, ſimple à la vérité; mais ſi voiſin de ma ſituation, que j'en fus effrayé.

C'eſt qu'*il n'y avoit point d'homme, quelqu'honnête qu'il fût, qui, dans un violent accès de paſſion, ne déſirât au fond de ſon cœur, les honneurs de la vertu & les avantages du vice.*

Je me rappellai bien ces idées; mais l'enchaînement ne me revint pas, & elles n'entrerent point dans la ſcene. Ce qu'il y en a, & ce que je viens de vous en dire, ſuffit, je crois, pour vous montrer que Conſtance a l'habitude de penſer. Auſſi m'enchaîna-t-elle, ſa raiſon diſſipant, comme de la pouſſiere, tout ce que je lui oppoſois dans mon humeur.

„ Je vois dans cette ſcene un endroit que j'ai „ ſouligné, mais je ne ſais plus à quel propos".

Liſez l'endroit.

„ Je lûs: *Rien ne captive plus fortement que* „ *l'exemple de la vertu, pas même l'exemple du* „ *vice".*

J'entends. La maxime vous a paru fauſſe.

„ C'eſt cela".

Je pratique trop peu la vertu, me dit Dorval, mais perſonne n'en a une plus haute idée que moi. Je vois la vérité & la vertu comme deux grandes ſtatues élevées ſur la ſurface de la terre, & immobiles au milieu du ravage & des ruines de tout ce qui les environne. Ces grandes figures ſont quelquefois couvertes de nuages. Alors les hommes ſe meuvent dans les ténébres. Ce ſont les temps de l'ignorance & du crime, du fanatiſme & des conquêtes. Mais il vient un moment où le nuage s'entre-ouvre; alors les hommes proſternés reconniſſent

F 3   la

la vérité & rendent hommage à la vertu. Tout
passe, mais la vertu & la vérité restent.

Je définis la vertu, le goût de l'ordre dans
les choses morales. Le goût de l'ordre en général nous domine dès la plus tendre enfance. Il est plus ancien dans notre ame, me disoit
Constance, qu'aucun sentiment réfléchi, &
c'est ainsi qu'elle m'opposoit à moi-même. Il
agit en nous, sans que nous nous en apperce-
vions. C'est le germe de l'honnêteté & du bon
goût. Il nous porte au bien, tant qu'il n'est
point gêné par la passion. Il nous suit jusque
dans nos écarts. Alors il dispose les moyens
de la maniere la plus avantageuse pour le mal.
S'il pouvoit jamais être étouffé, il y auroit des
hommes qui sentiroient le remords de la vertu, comme d'autres sentent le remords du vice. Lorsque je vois un scélerat capable d'une
action héroïque, je demeure convaincu que
les hommes de bien sont plus réellement hommes de bien, que les méchans ne sont vraiment
méchans; que la bonté nous est plus indivisi-
blement attachée que la méchanceté; & qu'en
général il reste plus de bonté dans l'ame d'un méchant, que de méchanceté dans l'ame des bons.

„ Je sens d'ailleurs qu'il ne faut pas exami-
„ ner la morale d'une femme, comme les ma-
„ ximes d'un philosophe ".

Ah si Constance vous entendoit!....

„ Mais cette morale n'est-elle pas un peu for-
„ te pour le genre dramatique?

Horace vouloit qu'un poëte allât puiser la
science dans les ouvrages de Socrate: *Rem tibi
socraticæ poterunt ostendere chartæ.* Or je crois
qu'en un ouvrage, quel qu'il soit, l'esprit du
siècle doit se remarquer. Si la morale s'épure.
Si le préjugé s'affoiblit. Si les esprits ont une
pente à la bienfaisance générale. Si le peuple
s'intéresse aux opérations du ministre, il faut
qu'on

qu'on s'en apperçoive, même dans une comédie.

,, Malgré tout ce que vous me dites, je per-
,, fifte. Je trouve la fcene fort belle & fort
,, longue. Je n'en refpecte pas moins Conftan-
,, ce. Je fuis enchanté qu'il y ait au monde
,, une femme comme elle, & que ce foit la
,, vôtre....

,, Les coups de crayon commencent à s'é-
,, claircir. En voici pourtant encore un.
,, Clairville a remis fon fort entre vos mains.
,, Il vient apprendre ce que vous avez décidé.
,, Le facrifice de votre paffion eft fait. Celui
,, de votre fortune eft réfolu. Clairville & Ro-
,, falie redeviennent opulens par votre généro-
,, fité. Celez à votre ami cette circonftance,
,, je le veux; mais pourquoi vous amufer à le
,, tourmenter, en lui montrant des obftacles
,, qui ne fubfiftent plus? Cela amene l'éloge du
,, Commerce; je le fais. Cet éloge eft fenfé.
,, Il étend l'inftruction & l'utilité de l'ouvrage.
,, Mais il alonge, & je le fupprimerois. *Am-*
,, *bitiofa recidet ornamenta*,,.

Je vois, me répondit Dorval, que vous êtes
heureufement né. Après un violent effort, il
eft une forte de délaffement auquel il eft impoffible de fe refufer, & que vous connoîtriez,
fi l'exercice de la vertu vous avoit été penible.
Vous n'avez jamais eu befoin de refpirer....
Je jouiffois de ma victoire. Je faifois fortir du
cœur de mon ami les fentimens les plus honnêtes. Je le voyois toûjours plus digne de ce que
je venois de faire pour lui. Et cette action ne
vous paroît pas naturelle! Reconnoiffez au contraire à ces caracteres la différence d'un évenement imaginaire & d'un évenement réel.

,, Vous pouvez avoir raifon. Mais, dites-
,, moi, Rofalie n'auroit-elle point ajouté après-

F 4   ,, coup

„ coup cet endroit de la premiere ſcene du cin-
„ quieme acte ? *Amant qui m'étois autrefois ſi*
„ *cher ! Clairville que j'eſtime toûjours*, &c."
„ Vous l'avez deviné.

„ Il ne me reſte preſque plus que des éloges
„ à vous faire. Je ne peux vous dire combien
„ je ſuis content de la ſcene troiſieme du cin-
„ quieme acte. Je me diſois avant que de la li-
„ re : Il ſe propoſe de détacher Roſalie. C'eſt
„ un projet fou qui lui a mal reuſſi avec Con-
„ ſtance, & qui ne lui réuſſira pas mieux avec
„ l'autre. Que lui dira-t-il qui ne doive encore
„ augmenter ſon eſtime & ſa tendreſſe ? Voyons
„ cependant. Je lus, & je demeurai convain-
„ cu qu'à la place de Roſalie, il n'y avoit point
„ de femme en qui il reſtât quelques veſtiges
„ d'honnêteté, qui n'eût été détachée & rendue
„ à ſon amant. Et je conçus qu'il n'y avoit
„ rien qu'on ne pût ſur le cœur humain, avec
„ de la vérité, de l'honnêteté, & de l'éloquen-
„ ce.

„ Mais comment eſt-il arrivé que votre piece
„ ne ſoit pas d'invention, & que les moindres
„ évenemens y ſoient préparés"?

L'art dramatique ne prépare les évenemens
que pour les enchaîner ; & il ne les enchaîne
dans ſes productions, que parce qu'ils le ſont
dans la nature. L'art imite juſqu'à à la maniere
ſubtile avec laquelle la nature nous dérobe la
liaiſon de ſes effets.

„ La pantomime prépareroit, ce me ſemble,
„ quelquefois d'une maniere bien naturelle &
„ bien déliée".

Sans doute ; & il y en a un exemple dans la
piece. Tandis qu'André nous annonçoit les malheurs arrivés à ſon maître, il me vint cent fois
dans la penſée qu'il parloit de mon pere ; & je
témoignai cette inquiétude par des mouvemens
ſur

fur lefquels il eût été facile à un fpectateur attentif de prendre le même foupçon.

„ Dorval, je vous dis tout. J'ai rémarqué de
„ tems en tems des expreffions qui ne font pas
„ d'ufage au théatre".

Mais que perfonne n'oferoit relever, fi un
auteur de nom les eût employées.

„ D'autres qui font dans la bouche de tout le
„ monde, dans les ouvrages des meilleurs écri-
„ vains, & qu'il feroit impoffible de changer,
„ fans gâter la penfée; mais vous favez que la
„ langue du fpectacle s'épure, à mefure que les
„ mœurs d'un peuple fe corrompent, & que le
„ vice fe fait un idiome qui s'étend peu-à-peu,
„ & qu'il faut connoître, parce qu'il eft dan-
„ gereux d'employer les expreffions dont il s'eft
„ une fois emparé".

Ce que vous dites eft bien vû. Il ne refte
plus qu'à favoir où s'arrêtera cette forte de con-
defcendance qu'il faut avoir pour le vice. Si
la langue de la vertu s'apauvrit à mefure que
celle du vice s'étend, bien-tot on en fera réduit à ne pouvoir parler fans dire une fottife.
Pour moi, je penfe qu'il y a mille occafions où
un homme feroit honneur à fon goût & à fes
mœurs, en méprifant cette efpece d'invafion du
libertinage.

Je vois déjà dans la fociété que fi quelqu'un
s'avife de montrer une oreille trop délicate, on
en rougit pour lui. Le théatre françois atten-
dra-t-il pour fuivre cet exemple, que fon dictionnaire foit auffi borné que le dictionnaire du
théatre lyrique, & que le nombre des expreffions honnêtes foit égal à celui des expreffions
muficales?

„ Voilà tout ce que j'avois à vous obferver
„ fur le détail de votre ouvrage. Quant à la
„ conduite, j'y trouve un defaut. Peut-être eft-

F 5

„ il

,, il inhérent au sujet. Vous en jugerez. L'inté-
,, rêt change de nature. Il eſt du premier acte
,, juſqu'à la fin du troiſieme, de la vertu mal-
,, heureuſe ; & dans le reſte de la Piece, de la
,, vertu victorieuſe. Il falloit, & il eût été facile
,, d'entretenir le tumulte & de prolonger les
,, épreuves & le mal-aiſe de la vertu.

,, Par exemple. Que tout reſte comme il eſt
,, depuis le commencement de la piece juſqu'à
,, la quatrieme ſcene du troiſieme acte. C'eſt
,, le moment où Roſalie apprend que vous épou-
,, ſez Conſtance, s'évanoüit de douleur, & dit
,, à Clairville dans ſon dépit: *Laiſſez-moi :*
,, *Je vous* … Qu'alors Clairville conçoive des
,, ſoupçons, que vous preniez de l'humeur con-
,, tre un ami importun qui vous perce le cœur,
,, ſans s'en douter, & que le troiſieme acte fi-
,, niſſe.

,, Voici maintenant comment j'arrangerois le
,, quatrieme. Je laiſſe la premiere ſcene à-peu-
,, près comme elle eſt. Seulement Juſtine ap-
,, prend à Roſalie qu'il eſt venu un émiſſaire
,, de ſon pere, qu'il a vû Conſtance en ſecret,
,, & qu'elle a tout lieu de croire qu'il apporte
,, de mauvaiſes nouvelles. Après cette ſcene, je
,, tranſporte la ſcene ſeconde du troiſieme acte,
,, celle où Clairville ſe précipite aux genoux
,, de Roſalie, & cherche à la fléchir. Conſtan-
,, ce vient enſuite. Elle amene André. On l'in-
,, terroge. Roſalie apprend les malheurs arrivés
,, à ſon pere. Vous voyez à-peu-près la marche
,, du reſte. En irritant la paſſion de Clairville
,, & celle de Roſalie, on vous eût préparé des
,, embarras plus grands peut-être encore que les
,, précédens. De tems en tems vous euſſiez été
,, tenté de tout avouer. A la fin, peut-être l'euſ-
,, ſiez-vous fait".

Je vous entends. Mais ce n'eſt plus la notre hiſ-

hiſtoire. Et mon pere, qu'auroit-il dît ? D'ailleurs, êtes-vous bien convaincu que la piece y
auroit gagné ? En me réduiſant à des extrémités terribles, vous euſſiez fait d'une avanture
aſſez ſimple, une piece fort compliquée. Je ferois devenu plus théatral,

„ & plus ordinaire, il eſt vrai. Mais l'ou-
„ vrage eût été d'un ſuccès aſſûré".

Je le crois, & d'un goût fort petit. Il y avoit
certainement moins de difficulté ; mais je penſe
qu'il y avoit encore moins de vérité & de beauté
réelles, à entretenir l'agitation qu'à ſe ſoûtenir
dans le calme. Songez que c'eſt alors que les
ſacrifices de la vertu commencent & s'enchaî-
nent. Voyez comme l'élevation du diſcours &
la force des ſcenes ſuccedent au pathétique de
ce calme, le ſort de Conſtance, de Clairville,
de Roſalie, & le mien, demeurent incertains.
On ſait ce que je me propoſe. Mais il n'y a
nulle apparence que je réuſſiſſe. En effet, je
ne réuſſis point avec Conſtance, & il eſt bien
moins vraiſemblable que je ſois plus heureux
avec Roſalie. Quel évenement aſſez important
auroit remplacé ces deux ſcenes, dans le plan
que vous venez de m'expoſer ? aucun.

„ Il ne me reſte plus qu'une queſtion à vous
„ faire. C'eſt ſur le genre de votre ouvrage.
„ Ce n'eſt pas une tragédie. Ce n'eſt pas une
„ comédie. Qu'eſt-ce donc, & quel nom lui
„ donner"

Celui qu'il vous plaira. Mais demain, ſi vous
voulez, nous chercherons enſemble celui qui lui
convient.

„ Et pourquoi pas aujourd'hui" ?

Il faut que je vous quitte. J'ai fait avertir
deux fermiers du voiſinage, & il y a peut-être une
heure qu'ils m'attendent à la maiſon.

„ Autre procès à accommoder",

Non,

Non. C'eft une affaire un peu différente.
L'un de ces fermiers a une fille. L'autre un garçon. Ces enfans s'aiment. Mais la fille eft riche;
le garçon n'a rien ;

,, & vous voulez accorder les parens, & ren-
,, dre les enfans contens. Adieu, Dorval. A de-
,, main, au même endroit ".

Troifieme Entretien.

LE lendemain le ciel fe troubla. Une nue qui
amenoit l'orage & qui portoit le tonnerre,
s'arrêta fur la colline, & la couvrit de ténebres.
A la diftance où j'étois, les éclairs fembloient
s'allumer & s'éteindre dans ces ténebres. La
cime des chênes étoit agitée. Le bruit des vents
fe mêloit au murmure des eaux. Le tonnerre,
en grondant, fe promenoit entre les arbres. Mon
imagination dominée par des rapports fecrets,
me montroit au milieu de cette fcene obfcure,
Dorval tel que je l'avois vû la veille dans les
tranfports de fon enthoufiafme ; & je croyois
entendre fa voix harmonieufe s'élever au-deffus
des vents & du tonnerre.

Cependant l'orage fe diffipa. L'air en devint
plus pur, le ciel plus ferein ; & je ferois allé
chercher Dorval fous les chênes, mais je penfai
que la terre y feroit trop fraîche & l'herbe trop
molle. Si la pluie n'avoit pas duré, elle avoit
été forte. Je me rendis chez lui. Il m'attendoit, car il avoit penfé de fon côté, que je
n'irois point au rendez-vous de la veille; & ce
fut dans fon jardin, fur les bords fablés d'un
large canal, où il avoit coutume de fe promener, qu'il acheva de me développer fes idées.
Après quelques difcours généraux fur les actions
de

de la vie, & fur l'imitation qu'on en fait au
théatre, il me dit:

On diftingue dans tout objet moral un milieu
& deux extrêmes. Il femble donc que toute action dramatique étant un objet moral, il devroit
y avoir un genre moyen & deux genres extrêmes. Nous avons ceux-ci, c'eft la comédie &
la tragédie. Mais l'homme n'eft pas toujours
dans la douleur ou dans la joie. Il y a donc un
point qui fépare la diftance du genre comique
au genre tragique.

Térence a compofé une piece dont voici le
fujet. Un jeune homme fe marie. A peine eft-il
marié que des affaires l'appellent au loin. Il eft
abfent. Il revient. Il croit appercevoir dans fa
femme des preuves certaines d'infidélité. Il en
eft au defefpoir. Il veut la renvoyer à fes parens. Qu'on juge de l'état du pere, de la mere,
& de la fille. Il y a cependant un Dave, perfonnage plaifant par lui-même. Qu'en fait le
poëte? Il l'éloigne de la fcene pendant les qua-
tre premiers actes, & il ne le rapelle que pour
égayer un peu fon dénouement.

Je demande dans quel genre eft cette piece?
Dans le genre comique? Il n'y pas le mot pour
rire. Dans le genre tragique? La terreur, la
commifération, & les autres grandes paffions
n'y font point excitées. Cependant il y a de l'intérêt; & il y en aura, fans ridicule qui faffe
rire, fans danger qui faffe frémir, dans toute
compofition dramatique où le fujet fera important, où le poëte prendra le ton que nous avons
dans les affaires férieufes, & où l'action s'avancera par la perplexité & par les embarras. Or
il me femble que ces actions étant les plus communes de la vie, le genre qui les aura pour objet doit être le plus utile & le plus étendu. J'ap-
pellerai ce genre *le genre férieux.*

F 7   Ce

Ce genre établi, il n'y aura point de conditions dans la société, point d'actions importantes dans la vie, qu'on ne puisse rapporter à quelque partie du système dramatique.

Voulez-vous donner à ce système toute l'é-
tendue possible, y comprendre la vérité & les
chimeres, le Monde imaginaire & le Monde
réel ; ajoûtez le burlesque au-dessous du genre
comique, & le merveilleux au-dessus du genre
tragique ?

» Je vous entends. *Le burlesque... Le genre*
» *comique... Le genre sérieux.... Le genre tra-*
» *gique... Le merveilleux*".

Une Piece ne se renferme jamais à la rigueur
dans un genre. Il n'y a point d'ouvrage dans les
genres tragique ou comique, où l'on ne trou-
vât des morceaux qui ne seroient point dépla-
cés dans le genre sérieux ; & il y en aura réciproquement dans celui-ci qui porteront l'em-
preinte de l'un & l'autre genre.

C'est l'avantage du genre sérieux, que placé
entre les deux autres, il a des ressources, soit
qu'il s'éleve, soit qu'il descende. Il n'en est pas
ainsi du genre comique & du genre tragique.
Toutes les nuances du comique sont comprises
entre ce genre même & le genre sérieux, & toutes celles du tragique, entre le genre sérieux &
la tragédie. Le burlesque & le merveilleux sont
également hors de la nature ; on n'en peut rien
emprunter qui ne gâte. Les Peintres & les Poëtes ont le droit de tout oser ; mais ce droit ne
s'étend pas jusqu'à la licence de fondre des especes différentes dans un même individu. Pour
un homme de goût, il y a la même absurdité
dans Castor élevé au rang des dieux, & dans
le Bourgeois Gentilhomme fait Mamamouchi.

Le genre comique & le genre tragique sont
les bornes réelles de la composition dramatique.

que. Mais s'il est impossible au genre comique d'appeller à son aide le burlesque, sans le dégrader; au genre tragique d'empiéter sur le genre merveilleux, sans perdre de sa vérité, il s'ensuit que placés dans les extrémités, ces genres sont les plus frappans & les plus difficiles.

C'est dans le genre sérieux que doit s'exercer d'abord tout homme de Lettres qui se sent du talent pour la scene. On apprend à un jeune éleve qu'on destine à la peinture à dessiner le nud. Quand cette partie fondamentale de l'art lui est familiere, il peut choisir un sujet. Qu'il le prenne ou dans les conditions communes ou dans un rang élevé. Qu'il drape ses figures à son gré, mais qu'on ressente toujours le nud sous la draperie. Que celui qui aura fait une longue étude de l'homme dans l'exercice du du genre sérieux, chausse, selon son génie, le cothurne ou le soc. Qu'il jette sur les épaules de son personnage un manteau royal ou une robe de palais; que l'homme ne disparoisse jamais sous le vêtement.

Si le genre sérieux est le plus facile de tous, c'est en revanche le moins sujet aux vicissitudes des tems & des lieux. Portez le nud en quelque lieu de la terre qu'il vous plaira, il fixera l'attention, s'il est bien dessiné. Si vous excellez dans le genre sérieux, vous plairez dans les tems & chez tous les peuples. Les petites nuances qu'il empruntera d'un genre collatéral seront trop foibles pour le déguiser. Ce sont des bouts de draperies qui ne couvrent que quelques endroits, & qui laissent les grandes parties nues.

Vous voyez que la Tragi-comédie ne peut être qu'un mauvais genre, parce qu'on y confond deux genres éloignés & séparés par une

bar-

barriere naturelle. On n'y passe point par des nuances imperceptibles. On tombe à chaque pas dans les contrastes, & l'unité disparoît.

Vous voyez que cette espece de drame où les traits les plus plaisans du genre comique sont placés à côté des traits les plus touchans du genre sérieux, & où l'on saute alternativement d'un genre à un autre, ne sera pas sans défaut aux yeux d'un critique sévere.

Mais voulez-vous être convaincu du danger qu'il y a à franchir la barriere que la nature a mise entre les genres? Portez des choses à l'excès; rapprochez deux genres fort éloignés, tels que la tragédie & le burlesque, & vous verrez alternativement un grave sénateur jouer aux pieds d'une courtisane le rôle du débauché le plus vil, & des factieux méditer la ruine d'une république *.

La Farce, la Parade, & la Parodie ne sont pas des genres, mais des especes de comique ou de burlesque qui ont un objet particulier.

On a donné cent fois la poëtique du genre comique & du genre tragique. Le genre sérieux a la sienne; & cette poëtique seroit aussi fort étendue. Mais je ne vous en dirai que ce qui s'est offert à mon esprit, tandis que je travaillois à ma Piece.

Puisque ce genre est privé de la vigueur de coloris des genres extrêmes entre lesquels il est placé, il ne faut rien négliger de ce qui peut lui donner de la force.

Que le sujet en soit important, & l'intrigue simple, domestique, & voisine de la vie réelle.

Je

* *Voyez* la Venise préservée d'Othway; le Hamlet de Skakespear, & la plûpart des Pieces du théatre anglois.

Je n'y veux point de valets. Les honnêtes gens ne les admettent point à la connoissance de leurs affaires ; & si les scenes se passent toutes entre les maîtres, elles n'en seront que plus intéressantes. Si un valet parle sur la scene comme dans la société, il est maussade ; s'il parle autrement, il est faux.

Les nuances empruntées du genre comique sont-elles trop fortes ? L'ouvrage fera rire & pleurer ; & il n'y aura plus ni unité d'intérêt, ni unité de coloris.

Le genre sérieux comporte les monologues. D'où je conclus qu'il panche plûtôt vers la Tragédie que vers la Comédie ; genre dans lequel ils sont rares & courts.

Il seroit dangereux d'emprunter dans une même composition des nuances du genre comique & du genre tragique. Connoissez bien la pente de votre sujet & de vos caracteres, & suivez-la.

Que votre morale soit générale & forte.

Point de personnages épisodiques ; ou si l'intrigue en exige un, qu'il ait un caractere singulier qui le releve.

Il faut s'occuper fortement de la pantomime, laisser-là ces coups de théatre dont l'effet est momentané, & trouver des tableaux. Plus on voit un beau tableau, plus il plaît.

Le mouvement nuit presque toûjours à la dignité. Ainsi, que votre principal personnage soit rarement le machiniste de votre piece.

Et sur-tout ressouvenez-vous qu'il n'y a point de principe général. Je n'en connois aucun de ceux que je viens d'indiquer, qu'un homme de génie ne puisse enfreindre avec succès.

,, Vous avez prévenu mon objection".

Le genre comique est des especes, & le genre tragique est des individus. Je m'explique. Le

hé-

héros d'une tragédie est tel ou tel homme. C'est
ou Regulus, ou Brutus, ou Caton, & ce n'est
point un autre. Le principal personnage d'u-
ne comédie doit au contraire représenter un
grand nombre d'hommes. Si par hasard on lui
donnoit une physionomie si particuliere qu'il n'y
eût dans la société qu'un seul individu qui lui
ressemblât, la Comédie retourneroit à son enfance, & dégénéreroit en satyre.

Térence me paroît être tombé une fois dans
ce défaut. Son *Eautontimorumenos* est un père
affligé du parti violent auquel il a porté son fils
par un excès de sévérité dont il se punit lui-
même, en se couvrant de lambeaux, se nour-
rissant durement, fuyant la société, chassant ses
domestiques, & se condamnant à cultiver la
terre de ses propres mains. On peut dire que
ce pere-là n'est pas dans la nature. Une grande
ville fourniroit à peine dans un siecle l'exemple
d'une affliction aussi bisarre.

,, Horace qui avoit le goût d'une délicatesse
,, singuliere, me paroît avoir apperçu ce dé-
,, faut, & l'avoir critiqué d'une façon bien lé-
,, gere.

Je ne me rappelle pas l'endroit.

,, C'est dans la satyre 1ere ou 2e du premier
,, livre, où il se propose de montrer que pour
,, éviter un excès, les fous se précipitent dans
,, l'excès opposé. Fusidius, dit-il, craint de pas-
,, ser pour dissipateur. Savez-vous ce qu'il fait.
,, Il prête à cinq pour cent par mois, & se
,, paye d'avance. Plus un homme est obéré,
,, plus il exige. Il sait par cœur les noms de tous
,, les enfans de famille qui commencent à aller
,, dans le monde & qui ont des peres durs.
,, Mais vous croiriez peut-être que cet homme
,, dépense à proportion de son revenu. Erreur.
,, Il est son plus cruel ennemi, & ce pere dela
,, co-

comédie, qui se punit de l'évasion de son fils, ne se tourmente pas plus méchamment. *Non se pejùs cruciaverit*.

Oui. Rien n'est plus dans le caractere de cet auteur, que d'avoir attaché deux sens à ce *méchamment*, dont l'un tombe sur Terence, & l'autre sur Fusidius.

Dans le genre sérieux, les caracteres seront souvent aussi généraux que dans le genre comique; mais ils seront toûjours moins individuels que dans le genre tragique.

On dit quelquefois, il est arrivé une avanture fort plaisante à la cour, un évenement fort tragique à la ville. D'où il s'ensuit que la Comédie & la Tragédie sont de tous les états; avec cette différence, que la douleur & les larmes sont encore plus souvent sous les toîts des sujets, que l'enjouement & la gaieté dans les palais des rois. C'est moins le sujet qui rend une piéce comique, sérieuse ou tragique, que le ton, les passions, les caracteres & l'intérêt. Les effets de l'amour, de la jalousie, du jeu, du déréglement, de l'ambition, de la haine, de l'envie, peuvent faire rire, réflechir ou trembler. Un jaloux qui prend des mesures pour m'assûrer de son deshonneur, est ridicule; un homme d'honneur qui le soupçonne & qui aime, en est affligé; un furieux qui le sait, peut commettre un crime. Un joüeur portera chez un usurier le portrait d'une maîtresse; un autre joüeur embarrassera sa fortune, la renversera, plongera une femme & des enfans dans la misere, & tombera dans le desespoir. Que vous dirai-je de plus? La piéce dont nous nous sommes entretenus a presqu'été faite dans les trois genres.

,, Comment ?

Oui.

,, La

„ La chofe eft finguliere ".

Clairville eft d'un caractere honnête, mais impétueux & leger. Au comble de fes vœux po eſleur tranquille de Roſalie, il oublia ſes peines paſſées. Il ne vit plus dans notre hiſtoire qu'une avanture commune. Il en fit des plaiſanteries. Il alla même juſqu'à parodier le 3e acte de la piece. Son ouvrage étoit excellent. Il avoit expoſé mes embarras ſous un jour tout-a-fait comique. J'en ris ; mais je fus ſecrettement offenſé du ridicule que Clairville jettoit ſur une des actions les plus importantes de notre vie : car enfin il y eut un moment qui pouvoit lui coûter, à lui, ſa fortune & ſa maîtreſſe, à Roſalie l'innocence & la droiture de ſon cœur, à Conſtance le repos, à moi la probité, & peut être la vie. Je me vengeai de Clairville, en mettant en tragédie les trois derniers actes de la piece ; & je puis vous aſſurer que je le fis pleurer plus long-tems qu'il ne m'avoit fait rire.

„ Et pourroit on voir ces morceaux " ?

Non. Ce n'eſt point un refus. Mais Clairville a brûlé ſon acte, & il ne me reſte que le caneyas des miens.

„ Et ce caneyas " ?

Vous l'allez avoir, fi vous me le demandez. Mais faites-y réflexion. Vous avez l'ame ſenſible. Vous m'aimez ; & cette lecture pourra vous laiſſer des impreſſions dont vous aurez de la peine à vous diſtraire.

„ Donnez le caneyas tragique, Dorval, don-
„ nez ".

Dorval tira de ſa poche quelques feuilles volantes qu'il me tendit en détournant la tête, comme s'il eût craint d'y jetter les yeux, & voici ce qu'elles contenoient.

Roſalie inſtruite au troiſieme acte du mariage

de Dorval & de Constance, & persuadée que
ce Dorval est un ami perfide, un homme sans
foi, prend un parti violent. C'est de tout ré-
véler. Elle voit Dorval; elle le traite avec le
dernier mépris.

Dorval. Je ne suis point un ami perfide, un
homme sans foi. Je suis Dorval. Je suis un malheureux.

Rosalie. Dis un misérable.... Ne m'a-t-il pas
laissé croire qu'il m'aimoit?

Dorv. Je vous aimois; & je vous aime encore.

Rosalie. Il m'aimoit! Il m'aime! Il épouse
Constance! Il en a donné sa parole à son frere! & cette union se consomme aujourd'hui!...
Allez, esprit pervers. Eloignez vous! Permettez à l'innocence d'habiter un séjour d'où vous
l'avez bannie. La paix & la vertu rentreront ici,
quand vous en sortirez. Fuyez. La honte & les
remords qui ne manquent jamais d'atteindre le
méchant, vous attendent à cette porte.

Dorval. On m'accable! On me chasse! Je
suis un scélérat! O vertu! Voilà donc ta derniere récompense!

Rosalie. Il s'étoit promis sans doute que je
me tairois.... Non, non... tout se saura....
Constance aura pitié de mon inexpérience, de
ma jeunesse... Elle trouvera mon excuse &
mon pardon dans son cœur.... O Clairville! combien il faudra que je t'aime, pour ex-
pier mon injustice & réparer les maux que je
t'ai faits!.. Mais le moment approche où le
méchant sera connu.

Dorval. Jeune imprudente, arrêtez; ou vous
allez devenir coupable du seul crime que j'aurai jamais commis, si c'en est un que de jetter
loin de soi un fardeau qu'on ne peut plus porter.... Encore un mot, & je croirai que la
vertu

vertu n'est qu'un fantôme vain; que la vie n'est qu'un présent fatal du sort; que le bonheur n'est nulle part; que le repos est sous la tombe, & j'aurai vécu.

Rosalie s'est éloignée. Elle ne l'entend plus. Dorval se voit méprisé de la seule femme qu'il aime & qu'il ait jamais aimée; exposé à la haine de Constance, à l'indignation de Clairville, sur le point de perdre les seuls êtres qui l'attachoient au monde, & de retomber dans la solitude de l'univers... Où ira-t-il?... à qui s'adressera-t-il?... qui aimera-t-il?... de qui sera-t-il aimé?... Le désespoir s'empare de son ame. Il sent le dégoût de la vie. Il incline vers la mort. C'est le sujet d'un monologue qui finit le troisieme acte. Dès la fin de cet acte, il ne parle plus à ses domestiques. Il leur commande de la main, & ils obéissent.

Rosalie exécute son projet au commencement du quatrieme. Quelle est la surprise de Constance & de son frere. Ils n'osent voir Dorval, ni Dorval aucun d'eux. Ils s'évitent tous. Ils se fuient; & Dorval se trouve tout-à-coup & naturellement dans cet abandon général qu'il redoutoit. Son destin s'accomplit. Il s'en apperçoit; & le voilà résolu d'aller à la mort qui l'entraîne. Charles, son valet, est le seul être dans l'univers qui lui demeure. Charles démêle la funeste pensée de son maître. Il répand sa terreur dans toute la maison. Il court à Clairville, à Constance, à Rosalie. Il parle. Ils sont consternés. A l'instant, les intérêts particuliers disparoissent. On cherche à se rapprocher de Dorval. Mais il est trop tard. Dorval n'aime plus, ne hait plus personne, ne parle plus, ne voit plus, n'entend plus. Son ame, comme abrutie, n'est capable d'aucun sentiment. Il lute un peu contre cet état ténébreux;

mais

mais c'est foiblement, par élans courts, sans force & sans effet. Le voilà tel qu'il est au commencement du cinquieme acte.

Cet acte s'ouvre par Dorval seul qui se promene sur la scene, sans rien dire. On voit dans son vêtement, son geste, son silence, le projet de quitter la vie. Clairville entre; il le conjure de vivre; il se jette à ses genoux; il les embrasse; il le presse par les raisons les plus honnêtes & les plus tendres d'accepter Rosalie. Il n'en est que plus cruel. Cette scene avance le sort de Dorval. Clairville n'en arrache que quelques monosyllabes. Le reste de l'action de Dorval est muette.

Constance arrive. Elle joint ses efforts à ceux de son frere. Elle dit à Dorval ce qu'elle pense de plus pathétique sur la puissance de l'Etre suprème, puissance à laquelle c'est un crime de se souftraire; sur les offres de Clairville, &c... Pendant que Constance parle, elle a un des bras de Dorval entre les siens; & son ami le tient embrassé par le milieu du corps, comme s'il craignoit qu'il ne lui échappât Mais Dorval tout en lui-même, ne sent point son ami qui le tient embrassé, n'entend point Constance qui lui parle. Seulement il se renverse quelquefois sur eux pour pleurer Mais les larmes se refusent. Alors il se retire; il pousse des soupirs profonds; il fait quelques gestes lents & terribles; on voit sur ses levres des mouvemens d'un ris passager plus effrayans que ses soupirs & ses gestes.

Rosalie vient. Constance & Clairville se retirent. Cette scene est celle de la timidité, de la naïveté, des larmes, de la douleur, & du repentir. Rosalie voit tout le mal qu'elle a fait. Elle en est désolée. Pressée entre l'amour qu'elle ressent, l'intérêt qu'elle prend à Dorval, le respect qu'elle doit à Constance, & les sentimens

mens qu'elle ne peut refuser à Clairville, combien elle dit de choses touchantes! Dorval paroît d'abord ni ne la voir ni ne l'écouter. Rosalie pousse des cris, lui prend les mains, l'arrête, & il vient un moment, où Dorval fixe sur elle des yeux égarés. Ses regards sont ceux d'un homme qui sortiroit d'un sommeil léthargique. Cet effort le brise. Il tombe dans un fauteuil comme un homme frappé. Rosalie se retire en poussant des sanglots, se désolant, s'arrachant les cheveux.

Dorval reste un moment dans cet état de mort. Charles est debout devant lui, sans rien dire... Ses yeux sont à-demi fermés. Ses longs cheveux pendent sur le derriere du fauteuil. Il a la bouche entr'ouverte, la respiration haute, & la poitrine haletante. Cette agonie passe peu-à-peu. Il en revient par un soupir long & douloureux, par une voix plaintive. Il s'appuie la tête sur ses mains & les coudes sur ses genoux. Il se leve avec peine. Il erre à pas lents. Il rencontre Charles. Il le prend par le bras, le regarde un moment, tire sa bourse & la montre, les lui donne avec un papier cacheté sans adresse, & lui fait signe de sortir. Charles se jette à ses pieds, & se colle le visage contre. Dorval l'y laisse, & continue d'errer. En errant, ses pieds rencontrent Charles étendu par terre. Il se détourne... Alors Charles se leve subitement, laisse la bourse & la montre à terre, & court appeller du secours.

Dorval le suit lentement... Il s'appuie sans dessein contre la porte.... Il y voit un verrouil... Il le regarde... le ferme... tire son épée... en appuie le pommeau contre la terre... en dirige la pointe vers sa poitrine... se panche le corps sur le coté... leve les yeux au Ciel... les ramene sur lui... demeure ainsi
quel-

quelque tems... pousse un profond soupir, & se laisse tomber.

Charles arrive. Il trouve la porte fermée. Il appelle. On vient. On force la porte. On trouve Dorval baigné dans son sang & mort. Charles rentre en poussant des cris. Les autres domestiques restent autour du cadavre. Constance arrive. Frappée de ce spectacle, elle crie, elle court égarée sur la scene, sans trop savoir ce qu'elle dit, ce qu'elle fait, où elle va. On enleve le cadavre de Dorval. Cependant Constance tournée vers le lieu de la scene sanglante, est immobile dans un fauteuil, le visage couvert de ses mains.

Arrivent Clairville & Rosalie. Ils trouvent Constance dans cette situation. Ils l'interrogent. Elle se tait. Ils l'intterrogent encore. Pour toute réponse, elle découvre son visage, détourne la tête, & leur montre de la main l'endroit teint du sang de Dorval.

Alors ce ne sont plus que des cris, des pleurs, du silence, & des cris.

Charles donne à Constance le paquet cacheté. C'est la vie & les dernieres volontés de Dorval. Mais à peine en a-t-elle lu les premieres lignes, que Clairville sort comme un furieux, Constance le suit. Justine & les domestiques emportent Rosalie qui se trouve mal, & la Piece finit.

„ Ah, m'écriai-je, ou je n'y entends rien, „ ou voilà de la tragédie! A la vérité, ce n'est „ plus l'épreuve de la vertu, c'est son desespoir. „ Peut-être y auroit-il du danger à montrer „ l'homme de bien réduit à cette extrémité fu- „ neste? Mais on n'en sent pas moins la force „ de la pantomime seule & de la pantomime „ réunie au discours. Voilà les beautés que nous „ perdons faute de scene & faute de hardiesse,

G

„ en

,, en imitant fervilement nos prédéceffeurs, &
,, laiffant la nature & la vérité.... Mais Dorval
,, ne parle point? ... Mais peut-il y avoir de dif-
,, cours qui frappent autant que fon action &
,, fon filence? ... Qu'on lui faffe dire quelques
,, mots par intervalles. Cela fe peut. Mais il ne
,, faut pas oublier qu'il eft rare que celui qui
,, parle beaucoup, fe tue".

Je me levai. J'allai trouver Dorval. Il eroit
parmi les arbres, & il me paroiffoit abforbé
dans fes penfées. Je crus qu'il étoit à-propos de
garder fon papier, & il ne me le redemanda
pas.

Si vous êtes convaincu, me dit-il, que ce
foit-là de la tragédie, & qu'il y ait entre la
Tragédie & la Comédie un genre intermédiai-
re ; voilà donc deux branches du genre dramatique qui font encore incultes, & qui n'attendent que des hommes. Faites des comédies
dans le genre férieux. Faites des tragédies domeftiques, & foyez fûr qu'il y a des applaudif-
femens & une immortalité qui vous font réfer-
vés. Sur-tout négligez les coups de théatre.
Cherchez des tableaux. Rapprochez-vous de la
vie réelle ; & ayez d'abord un efpace qui per-
mette l'exercice de la pantomime dans toute fon
étendue.... On dit qu'il n'y a plus de grandes
paffions tragiques à émouvoir ; qu'il eft impoffible de préfenter les fentimens élevés d'une maniere neuve & frappante. Cela peut être dans la
Tragédie telle que les Grecs, les Romains, les
François, les Italiens, les Anglois & tous les
peuples de la terre l'ont compofée. Mais la tragédie domeftique aura une autre action, un autre ton, & un fublime qui lui fera propre. Je
le fens ce fublime. Il eft dans ces mots d'un pere
qui difoit à fon fils qui le nourriffoit dans fa
vieilleffe : *Mon fils, nous fommes quittes.* Je
ai

J'ai donné la vie & tu me l'as rendue; & dans ceux-ci d'un autre pere qui difoit au fien : *Dites toujours la vérité. Ne promettez rien à perfonne que vous ne vouliez tenir. Je vous en conjure par ces pieds que je rechauffois dans mes mains, quand vous étiez au berceau.*

„ Mais cette tragédie nous intéreffera-t-el „ le „?

Je vous le demande. Elle eft plus voifine de nous. C'eft le tableau des malheurs qui nous environnent. Quoi, vous ne concevez pas l'effet que produiroient fur vous une fcene réelle, des habits vrais, des difcours proportionnés aux actions, des actions fimples, des dangers dont il eft impoffible que vous n'ayez tremblé pour vos parens, vos amis, pour vous-même? Un renverfement de fortune; la crainte de l'ignominie; les fuites de la mifere; une paffion qui conduit l'homme à fa ruine, de fa ruine au defefpoir; du defefpoir à une mort violente, ne font pas des événemens rares; & vous croyez qu'ils ne vous afecteroient pas autant que la mort fabuleufe d'un tyran, ou le facrifice d'un enfant aux autels des dieux d'Athenes ou de Rome.... Mais vous êtes diftrait.... Vous rêvez.... Vous ne m'écoutez pas....

„ Votre ébauche tragique m'obfede... Je „ vous vois errer fur la fcene... détourner vos „ pieds de votre valet profterné... fermer le „ verrouil... tirer votre épée.... L'idée de „ cette pantomime me fait frémir... Je ne „ crois pas qu'on en foûtint le fpectacle; & „ toute cette action eft peut-être de celles qu'il „ faut mettre en récit. Voyez „.

Je crois qu'il ne faut ni réciter ni montrer au fpectateur un fait fans vraifemblance; & qu'entre les actions vraifemblables il eft facile de diftinguer celles qu'il faut expofer aux yeux,

G 2 &

& renvoyer derriere la scene. Il faut que j'applique mes idées à la Tragédie connue; je ne
peux tirer mes exemples d'un genre qui n'existe
pas encore parmi nous.

Lorsqu'une action est simple, je crois qu'il
faut plûtôt la représenter que la réciter. La vûe
de Mahomet tenant un poignard levé sur le sein
d'Irene, incertain entre l'ambition qui le presse
d'enfoncer, & la passion qui retient son bras,
est un tableau frappant. La commisération qui
nous substitue toûjours à la place du malheureux, & jamais du méchant, agitera mon ame.
Ce ne sera pas sur le sein d'Irene, c'est sur le
mien que je verrai le poignard suspendu & va-
cillant…. Cette action est trop simple pour
être mal imitée. Mais si l'action se complique,
si les incidens se multiplient, il s'en rencontre-
ra facilement quelques-unes qui me rappelleront
que je suis dans un parterre; que tous ces personnages sont des comédiens; & que ce n'est
point un fait qui se passe. Le récit au contraire
me transportera audelà de la scene. J'en suivrai
toutes les circonstances. Mon imagination les
réalisera comme je les ai vûes dans la nature.
Rien ne se démentira. Le poëte aura dit:

Entre les deux partis Calcas s'est avancé,
L'œil farouche, l'air sombre, & le poil hé-
rissé,
Terrible, & plein du dieu qui l'agitoit sans
doute.

ou, les ronces degoutantes
Portent de ses cheveux les dépouilles sanglan-
tes.

Où est l'acteur qui me montrera Calcas, tel
qu'il est dans ces vers? Grandval s'avancera
d'un pas noble & fier entre les deux partis. Il
aura

aura l'air fombre; peut-être même l'œil farouche. Je reconnoîtrai à fon action, à fon gefte,
la préfence intérieure d'un démon qui le tourmente. Mais quelque terrible qu'il foit, fes cheveux ne fe hérifferont point fur fa tête. L'imitation dramatique ne va pas jufque-là.

Il en fera de même de la plûpart des autres
images qui animent ce récit. L'air obfcurci de
traits. Une armée en tumulte. La terre arro-
fée de fang. Une jeune princeffe le poignard
enfoncé dans le fein. Les vents déchaînés. Le
tonnerre retentiffant au haut des airs. Le ciel
allumé d'éclairs. La mer qui écume & mugit.
Le poëte a peint toutes ces chofes. L'imagination
les voit. L'art ne les imite point.

Mais il y a plus : un goût dominant de l'ordre, dont je vous ai déjà entretenu, nous contraint à mettre de la proportion entre les êtres.
Si quelque circonftance nous eft donnée au-
deffus de la nature commune, elle agrandit le
refte dans notre penfée. Le poëte n'a rien dit
de la ftature de Calcas. Mais je la vois. Je la
proportionne à fon action. L'exagération intel-
lectuelle s'échappe de-là, & fe répand fur tout
ce qui approche de cet objet. La fcène réelle
eût été petite, foible, mefquine, fauffe ou man-
quée. Elle devient grande, forte, vraie, & même énorme dans le récit. Au théatre, elle eût été fort au-deffous de nature; je l'imagine un peu au-delà. C'eft ainfi que dans l'épopée, les hommes poëtiques deviennent un peu
plus grands que les hommes vrais.

Voilà les principes. Appliquez-les vous même à l'action de mon efquiffe tragique. L'action n'eft-elle pas fimple?

Elle l'eft".

Y a-t-il quelque circonftance qu'on n'en
puiffe imiter fur la fcene?

G 3   Au-

„ Aucune ".

L'effet en sera-t-il terrible ?

„ Que trop peut-être. Qui sait si nous irions
„ chercher au théatre des impressions auffi for-
„ tes? On veut être attendri, touché, effrayé,
„ mais jusqu'à un certain point ".

„ Pour juger fainement, expliquons-nous.
Quel est l'objet d'une composition dramatique ?

„ C'est, je crois, d'inspirer aux hommes l'a-
„ mour de la vertu, l'horreur du vice "......

Ainfi, dire qu'il ne faut les émouvoir que
jusqu'à un certain point, c'est prétendre qu'il
ne faut pas qu'ils fortent d'un spectacle trop
épris de la vertu, trop éloignés du vice. Il n'y
auroit point de poëtique pour un peuple qui feroit aussi pusillanime. Que feroit-ce que le goût?
& que l'art deviendroit-il, si l'on se refufoit à
fon énergie, & si l'on pofoit des barrieres ar-
bitraires à fes effets ?

„ Il me resteroit encore quelques queftions à
„ vous faire sur la nature du tragique domesti-
„ que & bourgeois, comme vous l'appellez,
„ mais j'entrevois vos réponfes. Si je vous
„ demandois pourquoi dans l'exemple que vous
„ m'en avez donné, il n'y a point de scenes
„ alternativement muettes & parlées; vous me
„ répondriez fans doute que tous les fujets ne
„ comportent pas ce genre de beautés ".

Cela est vrai.

„ Mais quels feront les fujets de ce comique
„ férieux que vous regardez comme une bran-
„ che nouvelle du genre dramatique ? Il n'y a
„ dans la nature humaine qu'une douzaine,
„ tout au plus, de caracteres vraiment comi-
„ ques & marqués de grands traits ".

Je le penfe.

„ Les petites différences qui fe remarquent
„ dans

„ dans les caracteres des hommes ne peuvent
„ être maniées auffi heureufement que les carac-
„ teres tranchés".

Je le penfe. Mais favez-vous ce qui s'enfuit
de-là ?... Que ce ne font plus, à proprement
parler, les caracteres qu'il faut mettre fur la fcene, mais les conditions. Jufqu'à-préfent, dans
la comédie le caractere a été l'objet principal,
& la condition n'a été que l'acceffoire; il faut
que la condition devienne aujourd'hui l'objet
principal, & que le caractere ne foit que l'acceffoire. C'eft du caractere qu'on tiroit toute
l'intrigue. On cherchoit en général les circonftances qui le faifoient fortir, & l'on enchaî-
noit ces circonftances. C'eft la condition, fes
devoirs, fes avantages, fes embarras qui doivent
fervir de bafe à l'ouvrage. Il me femble que cette fource eft plus utile que celle des caracteres.
Pour peu que le caractere fût chargé, un fpectateur pouvoit fe dire à lui-même, ce n'eft pas
moi. Mais il ne peut fe cacher que l'état qu'on
joue devant lui ne foit le fien; il ne peut mé-
connoître fes devoirs. Il faut abfolument qu'il
s'applique ce qu'il entend.

„ Il me femble qu'on a déjà traité plufieurs
„ de ces fujets".

Cela n'eft pas. Ne vous y trompez point.

„ N'avons-nous pas des Financiers, dans nos
„ pieces"?

Sans doute, il y en a. Mais le financier n'eft
pas fait.

„ On auroit de la peine à en citer une fans
„ un pere de famille".

J'en conviens; mais le pere de famille n'eft
pas fait. En un mot, je vous demanderai fi les
devoirs des conditions, leurs avantages, leurs
inconvéniens, leurs dangers ont été mis fur la
fcene. Si c'eft la bafe de l'intrigue & de la mo-

G 4   rale

rale de nos pieces. Enfuite, fi ces devoirs, ces avantages, ces inconvéniens, ces dangers ne nous montrent pas tous les jours les hommes dans des fituations très-embarraffantes ?

„ Ainfi vous voudriez qu'on joüat l'homme „ de Lettres, le philofophe, le commerçant, le „ juge, l'avocat, le politique, le citoyen, le „ magiftrat, le financier, le grand feigneur, „ l'intendant".

Ajoutez à cela toutes les relations, le pere de famille, l'époux, la fœur, les freres. Le pere de famille! Quel fujet dans un fiecle tel que le nôtre, où il ne paroît pas qu'on ait la moindre idée de ce que c'eft qu'un pere de famille!

Songez qu'il fe forme tous les jours des conditions nouvelles. Songez que rien peut-être ne nous eft moins connu que les conditions, & ne doit nous intéreffer davantage. Nous avons chacun notre état dans la fociété, mais nous avons à faire à des hommes de tous les états.

Les conditions! Combien de détails importans! d'actions publiques & domeftiques! de vérités inconnues! de fituations nouvelles à tirer de ce fonds! Et les conditions n'ont-elles pas entr'elles les mêmes contraftes que les caracteres? & le poëte ne pourra-t-il pas les oppofer?

Mais ces fujets n'appartiennent pas feulement au genre férieux. Ils deviendront comiques ou tragiques, felon le génie de l'homme qui s'en faifira.

Telle eft encore la viciffitude des ridicules & des vices, que je crois qu'on pourroit faire un Mifantrope nouveau tous les cinquante ans. Et n'en eft-il pas ainfi de beaucoup d'autres caracteres?

„ Ces idées ne me déplaifent pas. Me voilà „ tout difpofé à entendre la premiere comédie „ dans

» dans le genre férieux, ou la premiere tragédie
» bourgeoife qu'on repréfentera. J'aime qu'on
,, étende la fphere de nos plaifirs. J'accepte les
» reffources que vous nous offrez; mais laif-
» fez-nous encore celles que nous avons. Je
» vous avoue que le genre merveilleux me tient
» à cœur. Je fouffre à le voir confondu avec
» le genre burlefque & chaffé du fyfteme de la
» nature & du genre dramatique. Quinault
» mis à côté de Scarron & de Daffouci. Ah,
,, Dorval, Quinault"!

Perfonne ne lit Quinault avec plus de plaifir
que moi. C'eft un poëte plein de graces, qui
eft toujours tendre & facile, & fouvent élevé.
J'efpere vous montrer un jour jufqu'où je porte
la connoiffance & l'eftime des talens de cet homme unique, & quel parti on auroit pû tirer de
fes tragédies, telles qu'elles font. Mais il s'a-
git de fon genre que je trouve mauvais. Vous
m'abandonnez, je crois, le monde burlefque.
Et le monde enchanté, vous eft-il mieux connu? A quoi en comparez-vous les peintures, fi
elles n'ont aucun modele fubfiftant dans la nature?

Le genre burlefque & le genre merveilleux
n'ont point de poétique & n'en peuvent avoir.
Si l'on hafarde fur la fcene lyrique un trait nouveau, c'eft une abfurdité qui ne fe foutient que
par des liaifons plus ou moins éloignées avec
une abfurdité ancienne. Le nom & les talens
de l'auteur y font auffi quelque chofe. Moliere allume des chandelles tout autour de la tête
du Bourgeois Gentilhomme; c'eft une extra-
vagance qui n'a pas de bon fens; on en convient, & l'on en rit. Un autre imagine des
hommes qui deviennent petits à mefure qu'ils
font des fotifes. Il y a dans cette fiction une
allégorie fenfée, & il eft fifflé. Angelique fe
rend

rend invisible à son amant par le pouvoir d'un anneau qui ne la cache à aucun des spectateurs, & cette machine ridicule ne choque personne. Qu'on mette un poignard dans la main d'un méchant qui en frappe ses ennemis, & qui ne blesse que lui-même. C'est assez le fort de la méchanceté; & rien n'est plus incertain que le succès de ce poignard merveilleux.

Je ne vois dans toutes ces inventions dramatiques que des contes semblables à ceux dont on berce les enfans. Croit-on qu'à force de les embellir, ils prendront assez de vraisemblance pour intéresser des hommes sensés? L'Héroïne de la Barbebleue est au haut d'une tour. Elle entend au pied de cette tour la voix terrible de son tyran. Elle va périr, si son libérateur ne paroît. Sa sœur est à ses côtés. Ses regards cherchent au loin ce libérateur. Croit-on que cette situation ne soit pas aussi belle qu'aucune du théâtre lyrique; & que la question, *Ma sœur, ne voyez-vous rien venir*, soit sans pathétique? Pourquoi donc n'attendrit-il pas un homme sensé, comme elle fait pleurer les petits enfans? C'est qu'il y a une Barbe bleue qui détruit son effet.

„ Et vous pensez qu'il n'y a aucun ouvrage
„ dans le genre, soit burlesque, soit merveil-
„ leux, où l'on ne rencontre quelques poils de
„ cette barbe".
Je le crois; mais je n'aime pas votre expression. Elle est burlesque, & le burlesque me déplaît par-tout.

„ Je vais tâcher de réparer cette faute par
„ quelque observation plus grave. Les dieux
„ du théâtre lyrique ne sont-ils pas les mêmes
„ que ceux de l'épopée? Et pourquoi, je
„ vous prie, Vénus n'auroit-elle pas aussi bon-
„ ne grace à se désoler sur la scène, de la
„ mort

,, mort d'Adonis, qu'à pouffer des cris dans
,, l'Iliade, de l'égratignure legere qu'elle a re-
,, çue de la lance de Diomede, ou qu'à foupi-
,, rer en voyant l'endroit de fa belle main blan-
,, che où la peau meurtrie commençoit à noir-
,, cir ? N'eft ce pas dans le poëme d'Homere
,, un tableau charmant que celui de cette déef-
,, fe en pleurs, renverfée fur le fein de fa mere
,, Dioné ? Pourquoi ce tableau plairoit-il moins
,, dans une compofition lyrique" ?

Un plus habile que moi vous répondra que
les embelliffemens de l'épopée convenables aux
Grecs, aux Romains, aux Italiens du quinzie-
me & du feizieme fiecles, font profcrits parmi les François, & que les dieux de la Fable, les oracles, les héros invulnérables, les
avantures romanefques, ne font plus de faifon.

Et j'ajouterai qu'il y a bien de la différence
entre peindre à mon imagination & mettre en
action fous mes yeux. On fait adopter à mon
imagination tout ce qu'on veut ; il ne s'agit
que de s'en emparer. Il n'en eft pas ainfi de
mes fens. Rappellezvous les principes que j'é-
tabliffois tout-à-l'heure fur les chofes, même
vraifemblables, qu'il convenoit tantôt de montrer, tantôt de dérober au fpectateur. Les
mêmes diftinctions que je faifois s'appliquent
plus féverement encore au genre merveilleux.
En un mot, fi ce fyftème ne peut avoir la
vérité qui convient à l'épopée, comment pourroit-il nous intéreffer fur la fcene ?

Pour rendre pathétiques les conditions élevées, il faut donner de la force aux fituations.
Il n'y a que ce moyen d'arracher de ces ames
froides & contraintes l'accent de la Nature, fans
lequel les grands effets ne fe produifent point.
Cet accent s'affoiblit à mefure que les conditions s'élevent. Ecoutez Agamemnon.

En-

Encore si je pouvois, libre dans mon malheur,
Par des larmes au-moins soulager ma douleur;
Tristes destins des Rois! Esclaves que nous som-
 mes
Et des rigueurs du sort & des discours des hom-
 mes!
Nous nous voyons sans cesse assiégés de témoins,
Et les plus malheureux osent pleurer le moins.

Les dieux doivent-ils se respecter moins que
les rois? Si Agamemnon dont on va immoler
la fille, craint de manquer à la dignité de son
rang, quelle sera la situation qui fera descendre
Jupiter du sien!

,, Mais la tragédie ancienne est pleine de
,, dieux; & c'est Hercule qui dénoue cette fa-
,, meuse tragédie de Philoctete, à laquelle vous
,, prétendez qu'il n'y a pas un mot à ajouter
,, ni à retrancher".

Ceux qui se livrerent les premiers à une étude suive de la nature humaine, s'attacherent
d'abord à distinguer les passions, à les connoître, & à les caracteriser. Un homme en con-
çut les idées abstraites, & ce fut un philosophe.
Un autre donna du corps & du mouvement à
l'idée, & ce fut un poëte. Un troisieme tailla
le marbre à cette ressemblance, & ce fut un statuaire. Un quatrieme fit prosterner le statuaire
au pied de son ouvrage, & ce fut un prêtre. Les
dieux du paganisme ont été faits à la ressemblance de l'homme. Qu'est-ce que les dieux
d'Homere, d'Eschile, d'Euripide, & de Sophocle? Les vices des hommes, leurs vertus,
& les grands phénomenes de la Nature per-
sonnifiés. Voilà la véritable théogonie. Voilà le coup-d'œil sous lequel il faut voir Satur-
ne,

ne, Jupiter, Mars, Apollon, Vénus, les Par-
ques, l'Amour, & les Furies.

Lorsqu'un payen étoit agité de remords, il
pensoit réellement qu'une Furie travailloit au
dedans de lui-même ; & quel trouble ne devoit-il donc pas éprouver à l'aspect de ce fantôme parcourant la scene, une torche à la main,
la tête hérissée de serpens, & présentant aux
yeux du coupable des mains teintes de sang !
Mais nous qui connoissons la vanité de toutes ces superstitions ! Nous !

„ Eh bien, il n'y a qu'à substituer nos diables
„ aux Eumenides".

Il y a trop peu de foi sur la terre … & puis,
nos diables sont d'une figure si gothique … de
si mauvais goût … est-il étonnant que ce soit
Hercule qui dénoue le Philoctete de Sophocle ?
Toute l'intrigue de la Piece est fondée sur ses
fleches ; & cet Hercule avoit dans les temples
une statue au pied de laquelle le peuple se pro-
sternoit tous les jours.

„ Mais savez vous quelle fut la suite de l'u-
nion de la superstition nationale & de la poë-
sie ? C'est que le poëte ne put donner à ses
héros des caracteres tranchés. Il eût doublé
les êtres. Il auroit montré la même passion
sous la forme d'un dieu & sous celle d'un
homme.

„ Voilà la raison pour laquelle les héros d'Homere sont presque des personnages historiques.
Mais lorsque la religion chrétienne eut chas-
sé des esprits la croyance des dieux du paganisme, & contraint l'artiste à chercher d'autres
sources d'illusion, le systême poétique chan-
gea. Les hommes prirent la place des dieux,
& on leur donna un caractere plus uni.

„ Mais l'unité de caractere un peu rigou-

H   „ reu-

„ reufement prife n'eft-elle pas une chimére„?
Sans doute.

„ On abandonna donc la verité„?

Point du tout. Rappelez-vous qu'il ne s'a-
git fur la fcene que d'une feule action ; que
d'une circonftance de la vie; que d'un intervalle très court, pendant lequel il eft vraifem-
blable qu'un homme a confervé fon caractere.

„ Et dans l'épopée qui embraffe une gran-
„ de partie de la vie, une multitude prodigieufe
„ d'événemens différens, des fituations de tou-
„ te efpece, comment faudra-t-il peindre les
„ hommes„?

Il me femble qu'il y a bien de l'avantage à
rendre les hommes tels qu'ils font. Ce qu'ils
devroient être eft une chofe trop fyftematique
& trop vague pour fervir de bafe à un art d'i-
mitation. Il n'y a rien de fi rare qu'un homme tout-à-fait méchant, fi ce n'eft peut-être
un homme tout-a-fait bon. Lorfque Thétis
trempa fon fils dans le ftyx, il en fortit fem-
blable à Therfite par le talon. Thétis eft l'i-
mage de la Nature.

Ici Dorval s'arrêta. Puis il reprit. Il n'y a
de beautés durables que celles qui font fondées
fur des rapports avec les êtres de la nature. Si
l'on imaginoit les êtres dans une viciffitude rapide, toute peinture ne repréfentant qu'un inftant qui fuit, toute imitation feroit fuperflue.
Les beautés ont dans les Arts le même fondement que les vérités dans la Philofophie.
Qu'eft-ce que la vérité? La conformité de nos
jugemens avec les êtres. Qu'eft-ce que la beauté d'imitation? La conformité de l'image avec
la chofe.

Je crains bien que ni les Poëtes, ni les Muficiens, ni les Décorateurs, ni les Danfeurs,
n'a-

n'ayent pas encore une idée véritable de leur théâtre. Si le genre lyrique eſt mauvais, c'eſt le plus mauvais de tous les genres. S'il eſt bon, c'eſt le meilleur. Mais peut-il être bon, ſi l'on ne s'y propoſe point l'imitation de la nature, & de la nature la plus forte? A quoi bon mettre en poéſie ce qui ne valoit pas la peine d'être conçu? En chant, ce qui ne valoit pas la peine d'être récité? Plus on dépenſe ſur un fonds, plus il importe qu'il ſoit bon. N'eſt-ce pas proſtituer la Philoſophie, la Poéſie, la Muſique, la Peinture, la Danſe, que de les occuper d'une abſurdité? Chacun de ces arts en particulier a pour but l'imitation de la nature; & pour employer leur magie réunie, on fait choix d'une fable! Et l'illuſion n'eſt-elle pas déjà aſſez éloignée? Et qu'a de commun avec la métamorphoſe ou le ſortilége, l'ordre univerſel des choſes qui doit toujours ſervir de baſe à la raiſon poétique? Des hommes de génie ont ramené de nos jours la Philoſophie du Monde intelligible dans le Monde réel. Ne s'en trouvera-t-il point un qui rende le même ſervice à la poéſie lyrique, & qui la faſſe deſcendre des Régions enchantées ſur la Terre que nous habitons?

Alors on ne dira plus d'un poëme lyrique, que c'eſt un ouvrage choquant dans le ſujet qui eſt hors de la nature; dans les principaux perſonnages qui ſont imaginaires; dans la conduite qui n'obſerve ſouvent ni unité de tems, ni unité de lieu, ni unité d'action, & où tous les arts d'imitation ſemblent n'avoir été réunis que pour affoiblir l'expreſſion des uns par les autres.

Un ſage étoit autrefois un philoſophe, un poete, un muſicien. Ces talens ont dégénéré en ſe ſéparant. La ſphere de la Philoſophie s'eſt reſſerrée. Les idées ont manqué à la Poéſie.

H 2　　　　　　　　　　La

La force & l'énergie aux Chants ; & la fagefle
privée de ces organes ne s'eft plus fait entendre
aux peuples avec le même charme. Un grand
muficien & un grand poëte lyrique répareroient
tout le mal.

Voilà donc encore une carriere à remplir.
Qu'il fe montre cet homme de génie qui doit
placer la véritable tragédie, la véritable comédie fur le théatre lyrique. Qu'il s'écrie, comme
le prophete du peuple hébreux dans fon enthou-
afme : *Adducite mihi pfaltem* ; qu'on m'amene
un muficien, & il le fera naître.

Le genre lyrique d'un peuple voifin a des défauts fans doute ; mais beaucoup moins qu'on
ne penfe. Si le chanteur s'affujettiffoit à n'imiter à la Cadence que l'accent inarticulé de la
paffion dans les airs de fentimens, ou que les
principaux phénomenes de la nature dans les
airs qui font tableau, & que le poëte fçût que
fon ariette doit être la peroraifon de la fcéne,
la réforme feroit bien avancée.

Et que deviendroient nos Ballets ?

La Danfe ? La Danfe attend encore un homme de génie. Elle eft mauvaife par-tout, parce
qu'on foupçonne à peine que c'eft un genre
d'imitation. La danfe eft à la pantomime, comme la poéfie eft à la profe, ou plûtôt comme
la déclamation naturelle eft au chant. C'eft une
pantomime mefurée.

Je voudrois bien qu'on me dît ce que figni-
fient toutes ces danfes, telles que le menuet, le
paffe-pied, le rigaudon, l'allemande, la fara-
bande, où l'on fuit un chemin tracé. Cet homme fe déploye avec une grace infinie. Il ne fait
aucun mouvement où je n'apperçoive de la fa-
cilité, de la douceur, & de la nobleffe ; mais
qu'eft-ce qu'il imite ? Ce n'eft pas là favoir
chanter, c'eft favoir folfier.

Une

Une danfe eft un poëme. Ce poëme devroit
donc avoir fa repréfentation féparée. C'eft une
imitation par les mouvemens qui fuppofe le concours du poëte, du peintre, du muficien, &
du pantomime. Elle a fon fujet. Ce fujet peut
être diftribué par actes & par fcenes. La fcene
a fon récitatif libre ou obligé & fon ariette.

„ Je vous avoue que je ne vous entends qu'à
„ moitié, & que je ne vous entendrois point
„ du tout, fans une feuille volante qui parut
„ il y a quelques années. L'auteur mécontent
„ du ballet qui termine le Devin du village, en
„ propofoit un autre; & je me trompe fort,
„ ou fes idées ne font pas éloignées des vô-
„ tres ".

Cela peut être.

„ Un exemple achevroit de m'éclairer ".

Un exemple? Oui. On peut en imaginer un,
& je vais y rêver.

Nous fimes quelques tours d'allées fans mot
dire; Dorval rêvoit à fon exemple de la danfe,
& moi je repaffois dans mon efprit quelques-
unes de fes idées. Voici à-peu-près l'exemple
qu'il me donna. Il eft commun, me dit-il;
mais j'y appliquerai mes idées auffi facilement
que s'il étoit plus voifin de la nature & plus
piquant.

Sujet. Un petit payfan & une jeune payfanne
reviennent des champs fur le foir. Ils fe rencontrent dans un bofquet voifin de leur hameau; & ils fe propofent de répéter une danfe
qu'ils doivent exécuter enfemble le dimanche
prochain fous le grand orme.

ACTE PREMIER.

Scene premiere. Leur premier mouvement eft

H 3   d'une

d'une furprife agréable. Ils fe témoignent cette furprife par une *pantomime.*

Ils s'approchent. Ils fe faluent. Le petit payfan propofe à la jeune payfanne de répéter leur leçon. Elle lui répond qu'il eft tard, qu'elle craint d'être grondée. Il la preffe. Elle accepte. Ils pofent à terre les inftrumens de leurs travaux. Voilà un *récitatif.* Les pas marchés & la pantomime non mefurée font le récitatif de la danfe. Ils fe recordent le gefte & les pas; ils fe reprennent; ils recommencent; ils font mieux; ils s'approuvent; ils fe trompent; ils fe dépitent; c'eft un récitatif qui peut être coupé d'une *ariette* de dépit: c'eft à l'orcheftre à parler. C'eft à lui à rendre les difcours, à imiter les actions. Le poëte a dicté à l'orcheftre ce qu'il doit dire; le muficien l'a écrit; le peintre a imaginé les tableaux; c'eft au pantomime à former les pas & les geftes. D'où vous concevez facilement que fi la danfe n'eft pas écrite comme un poëme; fi le poëte a mal fait le difcours; s'il n'a pas fçu trouver des tableaux agréables; fi le danfeur ne fait pas jouer; fi l'orcheftre ne fait pas parler, tout eft perdu.

Scene II. Tandis qu'ils font occupés à s'inftruire, on entend des fons effrayans. Nos enfans en font troublés. Ils s'arrêtent. Ils écoutent. Le bruit ceffe. Ils fe raffurent. Ils continuent. Ils font interrompus & troublés derechef par les mêmes fons. C'eft un *récitatif* mêlé d'un peu de *chant.* Il eft fuivi d'une pantomime de la jeune payfanne qui veut fe fauver, & du jeune payfan qui la retient. Il dit fes raifons. Elle ne veut pas les entendre; & il fe fait entre eux un *duo* fort vif.

Ce *duo* a été précédé d'un bout de récitatif compofé des petits geftes du village, du corps

&

& des mains de ces enfans, qui se montroient l'endroit d'où le bruit est venu.

La jeune paysanne s'est laissé persuader ; & ils étoient en fort bon train de répeter leur danse, lorsque deux paysans plus âgés, déguisés d'une maniere effrayante & comique, s'avancent à pas lents.

Scene III. Ces paysans déguisés exécutent au bruit d'une symphonie sourde, toute l'action qui peut épouvanter des enfans. Leur approche est un *récitatif*. Leur discours, un *duo*. Les enfans s'effrayent. Ils tremblent de tous leurs membres. Leur effroi augmente à mesure que les spectres approchent. Alors ils font tous leurs efforts pour s'échapper. Ils sont retenus, poursuivis ; & les paysans déguisés & les enfans effrayés forment un *quatuor* fort vif, qui finit par l'évasion des enfans.

Scene IV. Alors les spectres ôtent leurs masques. Ils se mettent à rire. Ils font toute la pantomime qui convient à des scélérats enchantés du tour qu'ils ont joué ; ils s'en félicitent par un *duo*, & ils se retirent.

ACTE SECOND.

Scene I. Le petit paysan & la jeune paysanne avoient laissé sur la scene leur panetiere & leur houlette ; ils viennent les reprendre. Le paysan le premier. Il montre d'abord le nez. Il fait un pas en-avant. Il recule. Il écoute. Il examine. Il avance un peu plus. Il recule encore. Il s'enhardit peu-à-peu. Il va à droite & à gauche. Il ne craint plus. Ce monologue est un *récitatif obligé*.

Scene II. La jeune paysanne arrive, mais elle se tient éloignée. Le petit paysan a beau l'inviter, elle ne veut point approcher. Il se jette à

H 4 ses

fes genoux. Il veut lui baifer la main. *Et les esprits?* lui-dit-elle. „ Ils n'y font plus. Ils n'y „ font plus". C'eft encore du *récitatif.* Mais il eft fuivi d'un *duo* dans lequel le petit payfan lui marque fon defir de la maniere la plus paffionnée, & la jeune payfanne fe laiffe engager peu-à-peu à rentrer fur la fcene, & à reprendre. Ce *duo* eft interrompu par des mouvemens de frayeur. Il ne fe fait point de bruit, mais ils croyent en entendre. Ils s'arrêtent. Ils écoutent. Ils fe raffurent, & continuent le *duo.*

Mais pour cette fois-ci, ce n'eft point une erreur. Les fons effrayans ont recommencé, la jeune payfanne a couru à fa panetiere & à fa houlette; le petit payfan en a fait autant. Ils veulent s'enfuir.

Scene III. Mais ils font inveftis par une foule de fantômes, qui leur coupent chemin de tous côtés. Ils fe meuvent entre ces fantômes. Ils cherchent une échappée. Ils n'en trouvent point. Et vous concevez bien que c'eft un *chœur* que cela.

Au moment où leur confternation eft la plus grande, les fantômes ôtent leurs mafques, & laiffent voir au petit payfan & à la jeune payfanne des vifages amis. La naïveté de leur étonnement forme un tableau très-agréable. Ils prennent chacun un mafque. Ils le confiderent. Ils le comparent au vifage. La jeune payfanne a un mafque hideux d'homme, le petit payfan, un mafque hideux de femme. Ils fe regardent. Ils fe font des mines; & ce récitatif eft fuivi du *chœur* général. Le petit payfan & la petite payfanne fe font à-travers ce *chœur* mille niches enfantines, & la piece finit avec le chœur.

„ J'ai entendu parler d'un fpectacle dans ce „ gen-

,, genre, comme de la chose la plus parfaite
,, qu'on pût imaginer ".

Vous voulez dire la troupe de Nicolini.

,, Précisément ".

Je ne l'ai jamais vûe. Eh bien, croyez-vous
encore que le siecle passé n'a plus rien laissé à
faire à celui-ci ?

La tragédie domestique & bourgeoise à créer.

Le genre sérieux à perfectionner.

Les conditions de l'homme à substituer aux
caracteres, peut-être dans tous les genres.

La pantomime à lier étroitement avec l'action
dramatique.

La scene à changer, & les tableaux à substituer aux coups de théatre. Source nouvelle d'invention pour le poëte, & d'étude pour le comédien. Car que sert au poëte d'imaginer des
tableaux, si le comédien demeure attaché à sa
disposition symmétrique & à son action com-
passée.

La tragédie réelle à introduire sur le théatre
lyrique.

Enfin la danse à réduire sous la forme d'un
véritable poëme, à écrire, & à séparer de tout
autre art d'imitation.

,, Quelle tragédie voudriez-vous établir sur
,, la scene lyrique " ?

L'ancienne.

,, Pourquoi pas la tragédie domestique " ?

C'est que la tragédie, & en général toute
composition destinée pour la scene lyrique, doit
être mesurée ; & que la tragédie domestique me
semble exclure la versification.

,, Mais croyez-vous que ce genre fournit au
,, musicien toute la ressource convenable à son
,, art ? Chaque art a ses avantages. Il semble
,, qu'il en soit d'eux, comme des sens. Les sens
,, ne sont tous qu'un toucher ; tous les Arts

,, qu'u-

„ qu'une imitation. Mais chaque sens touche,
„ & chaque art imite, d'une maniere qui lui
„ est propre".

Il y a en musique deux styles, l'un simple,
& l'autre figuré. Qu'aurez-vous à dire, si je
vous montre, sans sortir de mes poëtes dramatiques, des morceaux sur lesquels le musicien
peut déployer à son choix toute l'énergie de l'un
ou toute la richesse de l'autre? Quand je dis *le*
musicien, j'entends l'homme qui a le génie de
son art; c'est un autre que celui qui ne fait
qu'enfiler des modulations & combiner des notes.

„ Doryal, un de ces morceaux, s'il vous
„ plaît"?

Très-volontiers. On dit que Lulli même avoit
remarqué celui que je vais vous citer. Ce qui
prouveroit peut-être qu'il n'a manqué à cet artiste que des poëmes d'un autre genre, & qu'il
se sentoit un génie capable des plus grandes choses.

Clytemnestre à qui l'on vient d'arracher sa
fille pour l'immoler, voit le couteau du sacrifi-
cateur levé sur son sein, son sang qui coule,
un prêtre qui consulte les dieux dans son cœur
palpitant. Troublée de ces images, elle s'é-
crie:

O mere infortunée!
De festons odieux ma fille couronnée,
Tend la gorge aux couteaux par son pere apprêtés,
Calcas va dans son sang .... Barbares, arrêtez,
C'est le pur sang du dieu qui lance le tonnerre.
J'entends gronder la foudre & sens trembler la
terre.
Un dieu vengeur, un dieu fait retentir ces coups.

Je ne connois ni dans Quinault ni dans aucun poëte des vers plus lyriques, ni de situation plus propre à l'imitation musicale. L'état
de

de Clytemneftre doit arracher de fes entrailles le cri de la nature ; & le muficien le portera à mes oreilles, dans toutes fes nuances.

S'il compofe ce morceau dans le ftyle fimple, il fe remplira de la douleur, du defefpoir de Clytemneftre ; il ne commencera à travailler que quand il fe fentira preffé par les images terribles qui obfédoient Clytemneftre. Le beau fujet pour un récitatif obligé, que les premiers vers. Comme on en peut couper les différentes frafes par une ritournelle plaintive. *O ciel !*... *O mère infortunée !* ... premier jour pour la ritournelle... *De feftons odieux ma fille couronnée*,... fecond jour... *Tend la gorge aux couteaux par fon pere apprêtés*... troifieme jour... *Par fon pere*... quatrieme jour... *Calcas va dans fon fang*... cinquieme jour... Quels caracteres ne peut-on pas donner à cette fymphonie ?... Il me femble que je l'entends... Elle me peint la plainte... la douleur... l'effroi... l'horreur... la fureur...

L'air commence à *Barbares, arrêtez.* Que le muficien me déclame ce *barbares*, cet *arrêtez*, en tant de manieres qu'il voudra, il fera d'une ftérilité bien furprenante, fi ces mots ne font pas pour lui une fource inépuifable de mélodies...

Vivement, *Barbares, barbares, arrêtez, arrêtez... c'eft le pur fang du dieu qui lance le tonnerre... c'eft le fang... c'eft le pur fang du dieu qui lance le tonnerre... Ce dieu vous voit... vous entend... vous menace, barbares... arrêtez ! J'entends gronder la foudre... je fens trembler la terre... arrêtez... Un dieu, un dieu vengeur fait retentir ces coups... arrêtez, barbares... Mais rien ne les arrête... Ah ma fille ?... ah mere infortunée ! Je la vois... je vois couler fon fang... elle meurt... ah, barbares ! ô ciel !...*

Quel-

Quelle variété de fentiment & d'images?

Qu'on abandonne ces vers à Mademoiselle Dumeni; voilà, où je me trompe fort, le défordre qu'elle y répandra; voilà les fentimens qui fe fuccéderont dans fon ame. Voilà ce que fon génie lui fuggérera, & c'eft fa déclamation que que le muficien doit imaginer & écrire. Qu'on en faffe l'expérience, & l'on verra la nature ramener l'actrice & le Muficien fur les mêmes idées.

Mais le muficien prend-il le ftyle figuré? autre déclamation; autres idées; autre mélodie. Il fera exécuter par la voix, ce que l'autre a refervé pour l'inftrument. Il fera gronder la foudre. Il la lancera. Il la fera tomber en éclats. Il me montrera Clytemneftre effrayant les meurtriers de fa fille, par l'image du dieu dont ils vont répandre le fang. Il portera cette image à mon imagination déja ébranlée par le pathétique de la poëfie & de la fituation, avec le plus de vérité & de force qu'il lui fera poffible. Le premier s'étoit intièrement occupé des accents de Clytemneftre; celui-ci s'occupe un peu de fon expreffion. Ce n'eft plus la mere d'Iphigénie que j'entends. C'eft la foudre qui gronde; c'eft la terre qui tremble; c'eft l'air qui retentit de bruits effrayans.

Un troifieme tentera la réunion des avantages des deux ftyles. Il faifira le cri de la nature, lorfqu'il fe produit violent & inarticulé, & il en fera la bafe de fa mélodie. C'eft fur les cordes de cette mélodie qu'il fera gronder la foudre, & qu'il lancera le tonnerre. Il entreprendra peut-être de montrer le dieu vengeur; mais il fera fortir à-travers les différens traits de cette peinture, les cris d'une mere éplorée.

Mais quelque prodigieux génie que puiffe avoir cet artifte, il n'atteindra point un de ces buts, fans s'écarter de l'autre. Tout ce qu'il ac-

(169)

accordera à des tableaux fera perdu pour le pathétique. Le tout produira plus d'effet fur les oreilles, moins fur l'ame. Ce compofiteur fera plus admiré des artiftes, moins des gens de goût. Et ne croyez pas que ce foient ces mots parafites du ftyle lyrique, *lancer*... *gronder*... *trembler*... qui faffent le pathétique de ce morceau? c'eft la paffion dont il eft animé. Et fi le muficien négligeant le cri de la paffion, s'amufoit à combiner des fons à la faveur de ces mots, le poëte lui auroit tendu un cruel piége. Eft-ce fur les idées, *lance*, *gronde*, *tremble*, ou fur celles ci, *barbares*... *arrêtez*... *c'eft le fang*... *c'eft le pur fang d'un dieu*... *d'un dieu vengeur*...; que la véritable déclamation appuiera?...

Mais voici un autre morceau dans lequel ce muficien ne montrera pas moins de génie, s'il en a, & où il n'y a ni *lance*, ni *victoire*, ni *tonnerre*, ni *vol*, ni *gloire*, ni aucune de ces expreffions qui feront le tourment d'un poëte, tant qu'elles feront l'unique & pauvre reffource du muficien.

RÉCITATIF OBLIGÉ.

Un prêtre environné d'une foule cruelle...
Portera fur ma fille... (fur ma fille!)...
une main criminelle...
Déchirera fon fein... & d'un œil curieux...
Dans fon cœur palpitant..... confultera les
dieux...
Et moi qui l'amenai triomphante..... adorée!...
Je m'en retournerai... feule... & defefpérée...
Je verrai les chemins encor tout parfumés
Des fleurs, dont fous fes pas en les avoit femés.

AIR

A I R.

Non, je ne l'aurai point amenée au supplice...
Ou vous ferez aux Grecs un double sacrifice;
Ni crainte ni respect ne m'en peut détacher;
De mes bras tout sanglans il faudra l'arracher.
Aussi barbare époux, qu'impitoyable pere,
Venez, si vous l'osez, la ravir à sa mere.

Non, je ne l'aurai point amenée au supplice... Non... ni crainte, ni respect ne m'en peut détacher... Non... barbare époux, impitoyable pere... venez la ravir à sa mere, venez, si vous l'osez... Voilà les idées principales qui occupoient l'ame de Clytemnestre, & qui occuperont le génie du musicien.

Voilà mes idées, je vous les communique d'autant plus volontiers, que si elles ne sont jamais d'une utilité bien réelle, il est impossible qu'elles nuisent, s'il est vrai, comme le prétend un des premiers hommes de la nation, que presque tous les genres de Littérature soient épuisés, & qu'il ne reste plus rien de grand à exécuter, même pour un homme de génie.

C'est aux autres à décider si cette espece de poétique que vous m'avez arrachée, contient quelques vûes solides, ou n'est qu'un tissu de chimeres. J'en croirois volontiers M. de Voltaire; mais ce seroit à la condition qu'il appuieroit ses jugemens de quelques raisons qui nous éclairassent. S'il y avoit sur la terre une autorité infailllible que je reconnusse, ce seroit la sienne.

„ On peut, si vous voulez, lui communi-
„ quer vos idées".

J'y consens. L'éloge d'un homme habile & sincere peut me plaire; sa critique, quelqu'amere qu'elle soit, ne peut m'affliger. J'ai commencé il y a long-tems à chercher mon bonheur dans un objet qui fût plus solide, & qui dépendît plus de moi que la gloire littéraire.

Dor-

Dorval mourra content, s'il peut mériter qu'on dife de lui, quand il ne fera plus : „*Son pere qui* „*étoit fi honnête homme ne fut pourtant pas plus* „*honnête homme que lui*".

„ Mais fi vous regardiez le bon ou le mau-
„vais fuccès d'un ouvrage prefque d'un œil
„indifférent, quelle répugnance pourriez-vous
„avoir à publier le vôtre"?

Aucune. Il y en a déjà tant de copies. Conftance n'en a refufé à perfonne. Cependant je
ne voudrois pas qu'on préfentât ma Piece aux
Comédiens.

„ Pourquoi"?

Il eft incertain qu'elle fût acceptée. Il l'eft
beaucoup plus encore qu'elle réufsît. Une Piece qui tombe ne fe lit guere. En voulant éten-
dre l'utilité de celle-ci, on rifqueroit de l'en pri-
ver tout-à-fait.

„ Voyez cependant . . Il eft un grand Prin-
„ ce qui connoît toute l'importance du genre
„dramatique, & qui s'intéreffe au progrès du
„goût national *. On pourroit le folliciter...
„obtenir"...

Je le crois, mais réfervons fa protection pour
le *pere de famille*. Il ne nous la refufera pas fans
doute, lui qui a montré avec tant de courage
combien il l'étoit... Ce fujet me tourmente,
& je fens qu'il faudra que tôt ou tard je me dé-
livre de cette fantaifie; car c'en eft une comme
il en vient à tout homme qui vit dans la folitu-
de... Le beau fujet que le pere de famille!...
C'eft la vocation générale de tous les hommes...
Nos enfans font la fource de nos plus grands
plaifirs & de nos plus grandes peines... Ce fujet tiendra mes yeux fans ceffe attachés fur mon
pere... Mon pere!... J'acheverai de peindre
le bon Lyfimond... Je m'inftruirai moi-même...

* Monfieur le Duc d'Orléans.

me... Si j'ai des enfans, je ne ferai pas fâché d'avoir pris avec eux des engagemens...

,, Et dans quel genre le pere de famille?

J'y ai penſé; & il me ſemble que la pente de ce ſujet n'eſt pas le même que celle du Fils Naturel. Le Fils Naturel a des nuances de la tragédie; le pere de famille prendra une teinte comique.

,, Seriez-vous aſſez avancé pour ſavoir cela?

,, Oui... retournez à Paris... Publiez le ſeptieme volume de l'Encyclopédie... Venez vous repoſer ici... & comptez que le pere de famille ne ſe fera point, ou qu'il ſera fait avant la fin de vos vacances... Mais à-propos on dit que vous partez bien-tôt.

,, Après demain''.

Comment, après demain?

,, Oui''.

Cela eſt un peu bruſque... Cependant arrangez-vous comme il vous plaira... il faut abſolument que vous faſſiez connoiſſance avec Conſtance, Clairville, & Roſalie... Seriez vous homme à venir ce ſoir demander à ſouper à Clairville?

Dorval vit que je conſentois, & nous reprîmes auſſi-tôt le chemin de la maiſon. Quel accueil ne fit-on pas à un homme préſenté par Dorval? En un moment je fus de la famille. On parla devant & après le ſouper Gouvernement, Religion, Politique, Belles-Lettres, Philoſophie; mais quelle que fût la diverſité des ſujets, je reconnus toûjours le caractere que Dorval avoit donné à chacun de ſes perſonnages. Il avoit le ton de la mélancolie; Conſtance, le ton de la raiſon; Roſalie, celui de l'ingénuité; Clairville, celui de la paſſion; moi, celui de la bonhommie.

F I N.